Amando
em silêncio

Américo Simões
Ditado por Clara

Amando em silêncio

Barbara

Revisão: Sumio Yamada

Projeto gráfico e diagramação: Meco Simões

*Foto capa: Moment/*Gettyimages

Edição 2015/2016
8000 exemplares

ISBN 978-85-99039-40-3

Índices para catálogo sistemático:
1. Romances espíritas psicografados: Espiritismo

BARBARA EDITORA
Rua Primeiro de Janeiro, 396 - 81
Vila Clementino - São Paulo - SP
CEP: 04044-060
Tel.: (11) 26158082
(11) 5581 5472
Cel. (11) 992084999

E-mail:barbara_ed@estadao.com.br
americosimoes@estadao.com.br
www.barbaraeditora.com.br

Todos os direitos reservados. Proibida a reprodução total ou parcial desta obra, por qualquer forma ou meio, seja ele mecânico ou eletrônico, fotocópias, gravação etc., tampouco apropriada ou estocada em sistema de bancos de dados, sem permissão expressa do editor (lei n° 5.988, de 14/12/73).

Embora ninguém possa voltar atrás e fazer um novo começo, qualquer um pode começar agora e fazer um novo fim.

Chico Xavier

Capítulo 1

Quando olho para trás e tento reconstruir os acontecimentos de minha vida a pergunta que nunca se calou dentro de mim relampeja em meus ouvidos: por que, por que o destino fez o que fez de nós? Para que você me entenda vou contar o que se passou em detalhes desde o começo.

Meu nome é Hamilton Grant, nasci em 1980 em Seattle[*], a maior cidade do estado de Washington dos Estados Unidos da América. Tenho um metro e oitenta e quatro de altura, cabelos e olhos claros, um rosto tipicamente americano. Um corpo atlético, esguio, muito semelhante ao de meu pai nos áureos tempos de sua juventude.

Meus pais, como muitos casais, só foram obter êxito no matrimônio no segundo casamento.

Quando meu pai se juntou com Cássia, sua segunda esposa, eu estava com 8 para 9 anos de idade. Por meio dessa união, conheci Lídia, filha de Cássia de seu primeiro casamento. Uma garotinha ligeiramente ruiva e sardenta, quase três anos mais nova do que eu e que desde o primeiro instante em que me viu, não foi com a minha cara.

Por mais que eu tentasse ser gentil com ela, minha gentileza adensava ainda mais a sua antipatia por mim. Ela fazia o possível e o impossível para me ignorar, tornar-me invisível a seus olhos.

Quando seu gato de estimação saltou sobre mim e

---

[*] Seattle é uma cidade portuária e a mais populosa e mais densamente povoada do estado de Washington, sendo a 23ª cidade mais populosa dos Estados Unidos. Seattle tem invernos frios e úmidos e verões quentes e relativamente secos. É onde fica o famoso obelisco espacial (Space Needle) e a lindíssima baía de Eliott. (Nota do autor).

começou a me arranhar, tive a certeza de que ele também me odiava, ou por influência de sua dona ou por eu ser realmente uma pessoa detestável, sem perceber.

Cheguei até a perguntar a meu pai se eu era realmente uma pessoa insuportável e não percebia. Papai se divertiu um bocado com as minhas palavras e também da minha cara de assustado, olhando para ele.

"Não Hamilton, você não é uma pessoa detestável... Nem insuportável...".

Ele acentuou a palavra "pessoa", ao pronunciá-la, por ter achado engraçado eu tê-la usado para se referir a mim.

As risadas do meu pai ainda retumbavam pela sala quando ele me deixou só, absorvendo suas palavras.

Por sorte eu me encontrava com a garotinha sardenta apenas nos fins de semana, quando ficava sob a guarda do meu pai. Sempre suspeitei que se eu morasse com eles, sofreria um bocado nas mãos de Lídia e Tom, o gato rebelde tanto quanto sua dona.

Um ano depois de meu pai e Cássia terem se casado, entre aspas, chegou a notícia de que a família ganharia um novo membro. Cássia estava grávida e, mesmo com risco devido a complicações durante a gravidez e o parto de Lídia, ela foi em frente, decidida a ter a criança. Era final de 1989 e eu já estava com 9 para 10 anos.

Foram nove meses de grande expectativa por parte de todos. Um período grandiosamente recompensado com o nascimento de Michael, um lindo garotinho cabeludinho que se tornou indubitavelmente o centro das atenções. Era julho de 1990.

Lídia, abertamente, disputava comigo a atenção do bebê. E eu, como sempre, cedia para não complicar ainda mais as coisas entre nós dois.

A princípio cheguei a pensar que acabaria odiando meu meio-irmão por ele ter se tornado o centro das atenções, especialmente da parte de meu pai, mas logo percebi que não poderia odiá-lo jamais. Interessava-me por tudo que ele fazia:

7

seu choro, seus ruídos, seus olhos que pareciam me olhar, sem me alcançar e até mesmo suas fraldas cheias de xixi e cocô. Havia um vínculo entre nós dois, como o de pai e um filho, algo intenso e apaixonante. Sim, eu amava Michael infinitamente, ele era o irmão que eu sempre sonhei ter e juntos brincaríamos e nos divertiríamos ao longo da vida.

Penso que Lídia pensava o mesmo, digo, tinha os mesmos planos para com seu meio-irmão e que de certa forma disputaríamos seu amor e sua atenção ao longo da vida.

Eu aguardei ansiosamente pelo dia em que as palavras de Michael se tornassem inteligíveis para que pudéssemos conversar e trocar ideias. Demorou muito, sim, para esse dia chegar, para mim foi como se tivesse levado milênios, mas finalmente aconteceu e foi encarado por mim como um dia de glória! Ninguém em casa poderia imaginar por que eu ficara tão feliz.

Fiquei então mais do que certo que na minha vida o que faltara até então, fora mesmo um irmão para alegrá-la. Agora, não mais! Teria Michael ao meu lado para o resto da vida e juntos assistiríamos aos jogos de futebol americano, jogaríamos e praticaríamos outros esportes, beberíamos cervejas, falaríamos de mulheres, seriamos *"Best buddys forever!"*

E tudo aconteceu exatamente como eu queria. Cada encontro nosso era sempre uma alegria e uma grande decepção para Lídia que se contorcia de ciúme por ter de dividir comigo o irmão que tanto amava. Ela pelo menos tinha mais sorte do que eu, afinal morava na mesma casa que ele. Eu, não. Aparecia só nos fins de semana, um sim, outro não. A meu ver era mais do que justo eu ter a atenção de Michael para comigo durante o tempo em que permanecia na casa.

Lídia não pensava assim, nunca pensaria, creio eu. Para ela, Michael era só dela. Como um boneco que é de sua propriedade sem direito a dividi-lo com as amigas.

Mas eu tive paciência com Lídia, sim, muita... Em certos momentos eu queria esganá-la, torturá-la, vingar-me dela pelo

---
*"Melhores amigos para sempre". Expressão muito popular na América.

desprezo e a secura com que me tratava, mas voltava atrás, ao perceber que sua personalidade e suas manhas me atraíam.
Sim, eu gostava dela do jeito que era, se ela deixasse de ser quem era, não seria mais a pessoa que tanto me atraía e isso eu não queria.
Só sei que eu e Michael nos tornamos irmãos inseparáveis. Eu o amava, incondicionalmente e acho que ele também a mim.
Meu pai se sentia satisfeito por nos ver ligados como éramos e, por isso, cobria-nos de elogios rasgados. Éramos uma família "recauchutada", feliz. Digo, recauchutada porque afinal de contas fora feita de pedaços sobreviventes de divórcios e dessa vez dera certo, maravilha!
Até minha mãe se deu bem com outro cara, demorou para encontrá-lo, mas finalmente conseguiu. Cheguei a rogar a Deus para que isso acontecesse, pois só, ela se sentia muito mal-amada e, por isso, praguejava meu pai, sua segunda esposa e a vida feliz que eles tinham. Depois que ela encontrou um novo amor, meu pai deixou de ser para ela um canalha, o que prova que a gente só implica e amaldiçoa o outro quando se está na pior... Freud explicou ou deve explicar...
    Foi somente em 2001 que eu consegui passar na faculdade de Direito ali mesmo em Seattle. Levei praticamente dois anos para conseguir passar na bendita dita cuja, mas valera a pena. Eu adorava o que fazia.
    Em meados de 2003, conheci Edith ali mesmo, nas dependências da faculdade onde cursava Relações Publicas. Uma ruiva alta, de dentes brancos e brilhantes, e rosto e sorriso cativantes. Sua alegria e vitalidade tornavam-na muito popular entre todos. Era, enfim, uma moça adorável, dois anos mais jovem do que eu. Tinha tudo que eu verdadeiramente sempre sonhei encontrar numa mulher. Começamos a namorar assim que meu coração não mais se aquietou por ela.
    Viera de uma cidade chamada Turtle River que ficava a muitas milhas de Seattle. De avião levava apenas 40 a 50 minutos, não mais do que isso e, sempre que eu podia, voava

com ela para lá, para visitar sua família, gente muito cordata e direita.
   Quando Michael percebeu que eu estava gamado por Edith, veio me perguntar com aquela voz oscilante de adolescente.
   "Você está mesmo amarrado na Edith?"
   Ele estava com 13 anos nesta época.
   "Estou!", respondi imediatamente.
   "Não acha cedo para se amarrar desse jeito?"
   "Acho que não... Ela me fascina, sabe? Quando estou ao seu lado, tudo fica melhor, o ar, a vida, o presente e o futuro..."
   "Mano, cê tá filosofando demais pro meu gosto!"
   Ri.
   "Edith é adorável... Quando nos beijamos é sempre tão maravilhoso..."
   "Eu já beijei uma garota na escola!"
   "Já?!"
   "Já! E não foi nada do que esperei. Pensei que ia ser o máximo, algo indescritível, mas parecia que eu estava chupando uma laranja aguada!"
   "É porque você não beijou a garota certa, meu caro Michael!"
   "É isso, é?"
   "É. Quando fizer, aí você não vai querer se desgrudar mais dessa mina porque a sensação é boa demais!"
   "Mal vejo a hora de isso acontecer!"
   "Vá com calma, meu rapaz. Você ainda é muito moleque, terá tempo de sobra para viver tudo isso!".
   Michael era um daqueles adolescentes que queria crescer o mais rápido possível, para gozar da liberdade que acreditava que todo adulto poderia ter.

   Em 2004, aos 14 anos, Michael fazia se parecer um mocinho, e toda vez que nos encontrávamos era aquela festa. Foi então que eu lhe dei de presente a primeira revista masculina, a primeira cerveja, que saboreamos juntos e depois fomos para um bar jogar bilhar*. Era proibido para menores, mas por ser de propriedade de um amigo meu, consegui fazê-lo entrar.

Em 2005, aos quinze anos, Michael viu florescer em Melissa Broadbent, a mulher dos seus sonhos, cuja beleza e luminosidade não ficavam evidentes somente para os seus olhos amorosos, ela era, de fato, uma adolescente encantadora da mesma forma que seria uma adulta encantadora.

Meses de paquera se passaram antes de terem uma aproximação. Michael vivia do acaso. Ansiava pelo acaso que os unia. Encontravam-se pelos corredores da escola, fitavam-se de extremos opostos das mesas que ocupavam na cafeteria. Ele a tocava em silêncio, sentia-a até mesmo na sua ausência.

Melissa, pensava ele, judiciosamente, era realmente perfeita. Nada nela destoava ou constrangia. Era agradável olhar para ela, interessante conversar com ela – em todos os sentidos, a mais encantadora das companhias.

Michael me perguntava se deveria ou não arriscar pedi-la em namoro. Temia que se o fizesse e ela não estivesse interessada nele, se decepcionaria, perdendo assim o vínculo com aquela paixão que iluminava e entusiasmava seus dias.

Meu conselho foi:

"Quando você vir nos olhos dessa jovem a certeza de que ambos sentem a mesma coisa, de que o mesmo segredo os devora, aproxime-se."

Eu o ajudava, porque queria ver Michael feliz, para que ele conservasse o espírito lindo e romântico que trazia em sua alma.

Um belo dia, quando completou um ano de paquera, Michael, sem mais preâmbulos, achegou-se a Melissa e declarou o que há muito devorava-lhe o coração.

---

*Isso é realmente o que se passa na vida REAL entre irmãos, jovens e amigos. No universo masculino em si. Contamos os fatos abertamente aqui, pois são deles que brotam os desafios que passamos para a nossa evolução espiritual. É da realidade que vem a nossa realidade universal e espiritual e não de romances que abafam essas realidades por falsos pudores. (Nota do Espírito).

A linda adolescente, de olhos cor de mel, escutou sua declaração de amor em silêncio, sem sequer pestanejar. Quando ele terminou e ela se manteve calada, Michael achou melhor sumir da sua frente o quanto antes. Nem bem dera um passo, voltou até ela e perguntou:
"Você não vai me dizer nada?"
Ela assentiu com o olhar subitamente iluminado.
"Então diga, pelo amor de Deus. Não me mantenha mais em suspense."
Sua voz soou com um sussurro arrastado:
"É preciso?"
Michael riu com amargura.
Começava ali a segunda parte da história, envolvendo Michael Grant e Melissa Broadbent. Era agosto de 2006, início do ano letivo nos Estados Unidos*. Eles cursavam então o segundo colegial e cada qual estava com 16 anos de idade.
Michael parecia muito comigo fisicamente quando eu tinha a sua idade, era apenas mais baixo e com menos massa muscular distribuída pelo corpo. O rosto era tal e qual o meu.
Todos nós ficamos impressionados com a transformação que Michael teve depois que começou a namorar Melissa. Uma mudança que já vinha sendo notada antes de o namoro se firmar. Aos primeiros indícios de paixão, Michael já dava sinais de mudança.
Ele se tornou mais doce, mais amável e mais carinhoso do que era. Não se tornou um aborrescente, como muitos chamam os adolescentes. Eu fui um aborrescente, Lídia tanto quanto eu, mas Michael surpreendeu todos, era um doce de pessoa, raro de se ver nessa idade.
Quando nossa família se uniu mais uma vez no dia de ação de graças(1), pensei que teria a oportunidade de conhecer Melissa, o que não aconteceu, pois os pais da moça exigiam a

---

*Nos Estados Unidos, o verão começa quando o inverno começa no Brasil. E os estudantes iniciam o ano letivo em começo de agosto, com algumas variações, dependendo a região. As férias são em dezembro para janeiro, um mês e meados de junho e julho. (N. do A.)

presença de todos os filhos nessa data tão especial.
"Estou ansioso para conhecer Melissa", declarei a Michael.
"Calma, maninho... Logo, logo vocês dois serão apresentados!", respondeu-me ele com a maior tranquilidade.
Lídia aproveitou então para fazer o que mais adorava: judiar de mim. Achegou-se a mim e em tom de zombaria, perguntou:
"Ora, ora, ora... Pensei que Michael já havia apresentado a namorada a você, Hamilton."
"Como, se passo a maior parte do meu tempo na faculdade, Lídia?!"
"É verdade..."
"Você já a conhece?"
"Michael fez questão de apresentá-la a mim. Queria minha opinião a respeito dela, logicamente."
"E qual foi a sua opinião?"
"A melhor possível. Quem faz Michael feliz me faz feliz, você sabe?"
"Quer dizer que se eu faço Michael feliz, também te faço feliz?! É isso?"
Lídia avermelhou.
"Não, Hamilton! Para tudo há uma exceção!"
"Eu sou a exceção?!"
"É preciso responder?"
"Não!"
"O que importa é que Michael apresentou Melissa a mim em primeiro lugar e não a você, o que significa que ele tem mais consideração por mim do que por você!"
Ela conseguira me irritar novamente:
"Quando é que você vai crescer, Lídia?! Por favor..."
Nisso Michael achegou-se a nós e nos enlaçou com seu

---

(1) O Dia de Ação de Graças é celebrado na quarta quinta-feira de novembro, especialmente nos Estados Unidos e Canadá. É um dia para expressar gratidão a Deus, pelos bons acontecimentos ocorridos durante o ano e orar. Tem suas origens nos festivais de colheita. (N. do A.)

braço esquerdo sobre o meu ombro e o direito sobre o ombro de Lídia.
"Vocês dois estão brigando novamente, é?"
"Brigando?!", ironizou Lídia, "desde quando eu perco o meu tempo para brigar com alguém tão insignificante quanto esse..."
"Esse?..."
"É melhor não dizer"
Michael opinou a seguir:
"Lídia, minha irmã querida, hoje é o dia de ação de graças, esqueceu? O dia em que os membros de uma família fazem o possível para estarem juntos com os seus. Partilhar uma refeição tradicional e expressar gratidão pelas coisas boas da vida."
Lídia fez uma careta e depois de beijar a face do irmão, respondeu marota:
"Tá tá tá!!!"
A copa onde foi servida o almoço estava decorada com feixes de trigo e milho para alegrar o ambiente.
Como típicos americanos, minha familia, assim que se reuniu à mesa, deu graças pela liberdade do país e pelos sacrifícios feitos para preservá-la. Só depois de uma prece é que começamos a saborear os pratos típicos do dia de ação de graças.
O peru assado ao molho de mirtilo* com batata doce estava uma delícia. Havia também um prato de tamales, tabule e cuscuz para incrementar ainda mais a refeição. Fora tudo preparado pela própria Cássia com a ajuda do meu pai e da "desagradável" Lídia. De sobremesa foi servida uma das minhas favoritas, a famosa torta de amoras.
À tarde nos reunimos na sala de TV para assistir à cobertura televisiva do desfile anual da loja de departamento Macy's de Nova York e aos jogos de futebol americano realizados em

---

*O mirtilo é uma das frutas frescas mais ricas em antioxidantes e pode ser empregada tanto em pratos doces como salgados. Suas folhas também podem ser consumidas na forma de salada ou chá.

todo o país.
O último mês do outono* já estava bastante frio... Nesta data eu ja havia me formado em Direito e tirado a carteirinha** que me daria direito a exercer definitivamente a minha profissão.

Com a ajuda dos pais de Edith havia conseguido um emprego muito bom, algo raro para um recém-formado como eu, na área de Direito. O emprego infelizmente ficava em Turtle River, um bocado longe de Seattle, mas era uma oportunidade única, não poderia perder e, por isso, me mudei para lá com a cara e a coragem. É lógico que com Edith e sua família residindo ali, eu me sentiria mais seguro, menos solitário e assustado com tão repentina mudança.

A mudança também favoreceria o nosso namoro, visto que cada qual já havia terminado sua faculdade, já não podíamos nos ver mais com tanta frequência. Eu estava decidido a me casar com Edith assim que fizesse um pé de meia, o que levaria pelo menos uns dois anos de trabalho assíduo.

Quem mais sentiu com a minha mudança foi minha mãe, afinal, eu ainda morava com ela e seu segundo marido. Meu pai e Michael também sentiram, afinal, estávamos sempre em contato, dia sim, dia não. Mas prometi a todos que os visitaria todas as vezes que o tempo e o bolso me permitissem.

---

*Lembrando que o outono na América vai de 23 de setembro a 22 de dezembro. **No Brasil seria a carteirinha da OAB. (N. do A.)

Capítulo 2

Foi no Natal de 2006 que fui apresentado à Melissa Broadbent. Sendo ela de família tradicional judia, pôde estar presente ao almoço de Natal na casa do meu pai e Cássia. É que os judeus, a maioria, não celebram o Natal.

Confesso que estava curioso para conhecer a namorada de meu meio-irmão. Curioso e preocupado para saber se ela era realmente uma boa moça para ele, não queria vê-lo sofrer e apaixonado como estava, qualquer decepção com a jovem o faria sofrer muito.

Acho que todos de casa nos preocupávamos com a felicidade de Michael, todos ainda o viam como um bebê indefeso e acho que o veríamos dessa forma por muito, muito tempo... Apesar de termos mimado Michael à beça, ele não era, nem nunca fora um rapaz mimado.

Mas garantir sua felicidade era tudo para nós, era como se fosse uma obrigação nossa impedir que a vida o machucasse, que ele se ferisse em alguma de suas etapas, que alguém o desapontasse.

Sim, nós protegíamos Michael de tudo e de todos e acho que seria assim eternamente porque nós o amávamos muito, infinitamente.

Voltando a falar de Melissa, bem... ela era tudo o que Michael me descreveu e um pouco mais.

O rosto era sensível e inteligente, a testa quadrada e o formato delicado das orelhas e do nariz lindos de se ver. Uma jovem de bonitos traços e linhas; uma criatura orgulhosa e sensível, revelando educação, contenção e algo mais, um potencial para encarar mudanças e intempéries da vida de peito aberto. Seria capaz de fato, ou fora só impressão da minha

parte? Só o tempo poderia me revelar.
Nessa época ela estava com 16 anos completos tal e qual Michael e eu, com 26.
Melissa olhava-me com curiosidade, a mesma que aflorava em meus olhos naquele instante. Então sua voz bonita e jovial ecoou no recinto:
– Michael sempre fala muito de você. Ele sempre me disse que quando eu o conhecesse eu, certamente, cairia de amores por você.
– Ele também me fala muito de você pelo telefone e por e-mail. Contou-me que você faz uns muffins com gotas de chocolate de tirar o fôlego.
– Não se fie na opinião de Michael. Ele sempre exagera, você sabe.
– Não, não sei. Michael é sempre tão preciso em tudo o que diz, tão coerente, tão...
– Maravilhoso?
– Sim. Maravilhoso. Michael é definitivamente maravilhoso. Não existe adjetivo melhor para descrever sua pessoa. Nós o amamos, você sabe, já deve ter percebido, com certeza.
– Sim.
– Ele é o nosso "garoto", sabe?
– Sei, sim. Todavia ele não cresceu mimado, recebendo tanto mimo da família.
– Isso é que o torna especial.
Michael voltou até nós e nos enlaçou:
– E então, o que acharam um do outro? Com sinceridade.
Tanto eu quanto a jovem avermelhamos.
– Hamilton é um irmão e um cara e tanto, Melissa, acredite-me.
– Acredito, Michael. Se você diz, por que eu iria duvidar?
– E Melissa é também uma jovem e tanto, Hamilton.
– Faço das palavras de Melissa as minhas.
Rimos.
– Ah, é tão bom estar com vocês, lado a lado. É tão bom

17

estar com a família toda reunida, todos que tanto amo.
   Michael suspirou, beijou minha fronte e a de Melissa e acrescentou:
   – A família é tudo na vida da gente, não?
   Concordamos com um leve aceno de cabeça e um sorriso simpático.
   Minutos depois, Edith chegava a casa.
   – Edith?! – exclamei surpreso. – O que você está fazendo aqui?
   – Ora, Hamilton, eu...
   – Estava esperando você me ligar no celular para eu te apanhar no aeroporto!
   – Não quis aborrecê-lo, meu amor. Tive a oportunidade de tomar o voo antes do qual havia reservado e, por isso, cheguei mais cedo. Peguei um táxi para cá e aqui estou.
   Nos beijamos.
   – Feliz Natal, Hamilton.
   – Feliz Natal, Edith.
   Voltando-se para a minha família, Edith desejou o mesmo:
   – Feliz Natal, pessoal!
   – Feliz Natal! – responderam todos, em uníssono.
   Até mesmo Melissa respondeu, apesar de não ter crescido com o hábito de comemorar o Natal.
   A seguir Edith foi apresentada a Melissa e depois sentamos todos à mesa para almoçar.
   – Que Deus abençoe a nossa casa – disse meu pai, fazendo o sinal da cruz.
   – Amém.
   Foi um almoço farto, preparado com muito carinho por Cássia e Lídia. Assim que tive a oportunidade, fui parabenizá-la.
   – A comida estava excelente, minha irmã.
   Ela me olhou de cima a baixo e respondeu secamente:
   – Não sou sua irmã.
   – É como se fosse.

18

– É ruim, hein?
– Estamos no Natal, Lídia... Será que nem nesta data tão especial a gente pode se entender?
Ela bufou.
– Vamos lá, me dê um abraço.
Ela bufou novamente, mas cedeu.
Ao seu ouvido, comentei:
– Repito o que disse: parabéns, o almoço estava excelente!
– Obrigada.
Nisso, Michael aproximou-se de nós.
– Opa! Quero tomar parte desse abraço!
Assim, nos agarrou. Ficamos os três enlaçados e, ao mesmo tempo, espremidos, rindo.
– É assim que irmãos devem ser – argumentou Michael.
– Unidos! Super unidos! Super Amigos*!
– Irmãos, meu caro, Michael – objetou Lídia.
– E não somos irmãos?
– Você e Michael, eu e você. Mas Michael não é meu irmão.
– Que nada, Lídia. É como se fosse!
Ele beijou novamente nós dois e foi se enlaçar em Melissa. Lídia voltou para Jason Phillips e eu para Edith.

Jason era mais ruivo do que Edith, era grandalhão e sardento, um daqueles caras fortes que parecem passar o dia todo fazendo musculação só que de forma errada e exagerada. No todo, parecia ser boa pessoa.

Lidia nunca admitiu, mas sempre achei que ela o havia tirado da melhor amiga e por meios nada cabíveis. Era como se Lídia tivesse trocado sua boneca favorita por Jason. Ele não só parecia um boneco em suas mãos, mas se portava como um. Perguntava-me se ele era quieto mesmo ou era ela quem o proibia de falar por algum motivo maluco de sua cabeça.

---

*A expressão vem do desenho animado chamado Super Amigos, onde a amizade entre os heróis Super Homem, Batman e Robin, Mulher Maravilha e Aquaman é tão forte quanto a união de seus poderes para defendem o mundo dos vilões. (N. do A.)

Para relaxar, decidimos unanimemente assistir a um filme. Por sugestão de Michael, o filme escolhido foi "Esqueceram de mim". Apesar de todos ali já o terem visto, rimos das proezas dos personagens como da primeira vez.

Foi mais um dia de Natal memorável em família.

– E o emprego, Hamilton... O que está achando? – quis saber meu pai quando se uniu à galera.

– Estou gostando muito, papai. Há muito ainda a se aprender, preciso dar tempo ao tempo...

– Que bom, filho. Que bom que está se dando bem!

– Tão bem, papai, que logo terei condições de me casar.

Olhei para Edith e sorri. Ela retribuiu o sorriso e me jogou um beijo com a ponta do dedo indicador. Edith era maravilhosa, eu a amava muito, estar ao seu lado era andar à sombra da felicidade. Vagar pelo Paraíso. Sentia orgulho de ser seu namorado e ter a doce e ambiciosa missão de fazê-la feliz para o resto da vida. Ah, eu amava Edith, ela era como se fosse um dos órgãos vitais do meu corpo.

Voltando-se para o meu pai, comentei:

– No mês de maio próximo estarei fazendo um curso em Londres.

– Mesmo?

– Sim e com tudo pago pela empresa.

– Que maravilha, Hamilton!

– Achei mesmo que o senhor iria gostar da novidade.

– Parabéns!

– Ficarei por lá quase três meses.

Michael, enlaçado a Melissa, voltou-se para nós.

– Ouvi certo, meu irmão? Você disse que vai para Londres, é isso?

Assenti com ligeiro balançar de cabeça.

– Que massa!

– Vou estudar e nos momentos de folga... me divertir...

Edith interrompeu-me:

– Como assim se divertir?

Ri.

20

– Pela cidade, meu amor. Nos fins de semana terei tempo livre para conhecer Londres e seus arredores.
– Olha lá, hein?
Eu a puxei para o meu lado e a beijei.
Todos riram.
Naquela noite, quando restamos somente eu e Michael na sala, quando todos já haviam se recolhido, Michael comentou:
– O que achou dela?
– De Melissa? A moça perfeita para você, Michael. Não poderia ter escolhido melhor.
– E desde quando a gente escolhe a mulher para amar? É algo que acontece, meio que inconsciente, sabe?
– Sei, sim. Vivi o mesmo com Edith.
Michael se calou por um tempo, meio que apreciando a sensação boa que emergia de seu interior toda vez que falava de Melissa. Ficamos um bom tempo em silêncio, degustando o vinho até ele dividir comigo uma particularidade dele com a namorada.
– Eu e Melissa, sabe, nós nunca...
Sinceramente não entendi aonde ele queria chegar.
– Vocês o quê?...
– Eu e Melissa, nós nunca dormimos juntos.
– Não?!
– Não. O sonho dela é viver esse momento como as mulheres dos velhos tempos. Na sua noite de núpcias. Pensei que ela estivesse tirando uma da minha cara, mas depois percebi que ela falava sério. Ela é muito romântica, admiro isso nela.
– É admirável mesmo. Onde se encontra uma jovem assim nos dias de hoje?
Ele assentiu enquanto sorvia mais um pouco do vinho delicioso.
– Eu a amo, Hamilton. Muito.
– Eu sei, todos sabem. Está explícito no seu semblante

21

toda vez que você está ao lado dela ou, simplesmente, quando fala dela.
— É tão bom amar, não consigo mais me lembrar da minha vida antes desse amor que me arrebata. Não sei mais o que é viver sem amor, tampouco viver sem o amor de Melissa. Ela é tão carinhosa comigo. Tão presente em minha vida quanto o ar que respiro, o ar que me mantém vivo.
Um sorriso estampou em sua face em seguida. Ele então se serviu de um pouco mais de vinho e disse:
— Até quando você acha que um casal de namorados deve esperar para ter...
— Sexo?
— É.
— Ora, Michael, eu não sei... Vai muito de pessoa para pessoa. Hoje em dia isso é tão natural entre os casais.
— Será mesmo?
— Bem... para alguns pelo menos. A Edith também não queria ter relações antes do casamento, não queria correr o risco de se entregar para o cara errado...
— Quer dizer que vocês já...
— Sim.
— Por que ela cedeu se...
— Porque ela é a mulher da minha vida, não me resta dúvida. Ela também não tem dúvida de que eu sou o homem da vida dela e, portanto, deixamos rolar.
— E foi bom?
— Foi maravilhoso.
— Mal vejo a hora para viver esse momento com a Melissa.
— Cada casal tem o seu momento, Michael. Não se precipite!
— Eu respeito a Melissa, sabe, muito...
— O respeito é tudo entre um casal, Michael. Quando ele se vai...
— Me pergunto se eu não deveria insistir?
— Como assim?

22

— Fico grilado, Hamilton. Vai que a Melissa espera que eu insista e, por não insistir, comece a duvidar da minha masculinidade.
— Bobagem, Michael.
— Talvez a garota queira ser posta contra a parede... Talvez isso a excite.
— Sinta o terreno, Michael...
— Eu não quero decepcionar a Melissa, Hamilton. Se ela me deixar, irmão, eu morro.
— Não exagere.
— Juro por Deus! Não consigo me ver mais na vida sem tê-la ao meu lado. Tudo que planejo é com ela. Não vejo futuro para mim sem vê-la junto de mim.
— Eu compreendo você porque sinto o mesmo em relação a Edith.
— É coisa de sangue.
— Essas mulheres nos deixam loucos, à mercê. Somos uns fracos ao lado delas, já percebeu? O homem pensa que é muito superior à mulher, mas na verdade é um dependente de sexo oposto, tal e qual dependemos do ar para viver.
— Mas é bom, não? Mulher é muito bom.
— Sim, Michael. É uma dádiva de Deus.
Interrompi-me e ri.
— O que foi? — perguntou-me ele.
— Só há uma exceção, meu irmão: Lídia!
Michael riu e disse:
— Vocês dois não têm jeito mesmo.
— Ela me odeia, Michael. Sempre me odiou e depois que você nasceu me odiou ainda mais por ter de dividir você comigo. Maninho, eu passei uns maus bocados por causa dela.
— Lídia é fogo, eu sei, mas eu a amo.
— Apesar de tudo, eu também, Michael. A verdade é que eu amo a todos, raramente detesto alguém.
— Para que odiar se podemos amar e amando ganhamos muito mais do que odiando, não é mesmo?
— Quem disse isso?

23

– Você, certa vez!
Ri.
– É verdade.
Rimos.
– Devo ter ouvido alguém dizer isso em algum lugar. Mas que é um bom ditado, ah, isso é. Para que odiar se podemos amar e amando, ganhamos muito mais do que odiando, não é mesmo?
Pensativo, fiquei.

Naquela noite, pouco antes de dormir, lembrei-me de uma conversa que tive com meu pai. Foi quando lhe contei que estava apaixonado por Edith.
"Que seja bom enquanto dure!"
"Para vida inteira, papai!"
"Nem sempre é para a vida inteira, Hamilton. Eu, quando casei com sua mãe, casei porque a amava muito ou pensava amá-la e acreditei também que seria para a vida toda, mas com o tempo, diante do nosso difícil convívio, tivemos de nos separar e partir para outra. Ou seja..."
"Não é porque o casamento do senhor e da mamãe acabou como acabou que o meu ou de qualquer outro vai terminar assim, não é?"
"Não mesmo, Hamilton. Cada um, cada um. Mas eu desejo, desejo mesmo, do fundo do meu coração que você seja muito feliz ao lado de Edith. Feliz até que a morte os separe!"
Viver com Edith até que a morte nos separasse não seria só por amor, seria por dignidade, para honrar uma palavra, eu havia prometido a ela que seria seu homem para o resto de sua vida, havia prometido porque estava certo disso e, por isso, ela poderia se entregar para mim como fez e foi maravilhoso.

No dia seguinte, estávamos novamente reunidos na casa de papai e Cássia, assistindo a um novo filme por sugestão de Michael. Foi quando ouvi Melissa perguntar a ele:
– Você acreditava em Papai Noel?

– Eu acreditava.
– Sério?
– Seriíssimo! Meu pai, gordão, vestido de Papai Noel com uma barba postiça impecável era irreconhecível. Portanto, é claro que, para mim, era o próprio Papai Noel quem estava ali.
– E você nunca se perguntou onde estava seu pai na hora em que o Papai Noel aparecia?
– Não! Nada me importava no mundo senão o Papai Noel. Ele se tornava o centro das minhas atenções.
– Só mesmo uma criança para acreditar num velho que cruza os céus num trenó, em pleno inverno, entra por chaminés que nunca estão acesas, o que é muito improvável, afinal, 25 de dezembro é inverno e todo mundo acende sua lareira nessa época. Outra coisa que não faz sentido é o tempo que o Papai Noel leva para entregar todos aqueles presentes. É impossível fazê-lo em tão pouco tempo e... Ufa! É uma história totalmente improvável.
Risos.
– Pode ser, mas é bom, legal demais acreditar que um velhinho de barba branca pode fazer tudo isso e vê-lo, é genial, ainda que seja uma ilusão.
– Uma farsa, você quer dizer?
– Chame do que quiser... Ainda assim é bom demais.
Novos risos e, Melissa perguntou a Michael:
– Meu namorado não se zangou comigo porque eu...
– Destruiu o Papai Noel em menos de cinco minutos?
Risos.
– Sim.
– Não! Não me zangaria jamais porque a amo muito, Melissa. E opinião é opinião, cada um tem a sua.
Os dois se abraçaram.
– O bom da vida é sonhar, Melissa.
– O bom da vida, para mim, Michael... É amar!
Ele riu e balançando a cabeça arrematou:
– Nesse ponto, eu concordo.

25

Edith voltou-se para mim e cochichou no meu ouvido:
— Michael é adorável... Seu espírito infantil me encanta...
— A todos nós, Edith. Por isso, ele continua sendo o garotão da nossa família.
Beijamo-nos.
— O que achou dela?
— De quem? De Melissa?
— É. Você estava tão ansioso para conhecê-la.
— Estava?
— Sim. Ansioso e preocupado.
— É porque eu não quero que Michael sofra por nada desse mundo, Edith. Agora que conheci Melissa, estou mais tranquilo. Ela é uma garota doce e sincera, ama Michael de verdade, qualquer um pode ver, ao menos foi isso que ela me passou. Estou errado?
— Não, Hamilton. Você está certo. Ela é realmente tudo isso e ama realmente seu irmão. Isso é o que importa, não?
— Sim, Edith. É tudo o que importa.
E novamente nos beijamos e voltamos a fazer planos para o nosso futuro a dois e também para o nosso casamento.

Eu havia ido à cozinha pegar um refrigerante quando tive a oportunidade de encontrar com Melissa a sós.
— Olá.
Ela assustou-se, ao ouvir minha voz.
— Desculpe-me se a assustei.
— Foi porque estava tão concentrada no que fazia...
— Desculpe-me...
— Deixe pra lá.
Admiramo-nos por instantes e foi ela quem falou primeiro:
— Sua família é sensacional. Todos tão alegres e divertidos. Todos tão unidos.
— Presumo que a sua família também seja assim.
— São, sem dúvida... É que não pensei que vocês fossem tão unidos assim.

– Somos. Muito.
Sorri, ela também.
– Como vai suportar ficar longe dela?
A pergunta me assustou.
– Suportar? Do que está falando?
Ela riu e se explicou:
– Refiro-me à viagem. Ouvi você dizer que vai ficar em Londres por dois, três meses e isso o distanciará de sua namorada.
– É verdade. Mas...
– Vocês já chegaram a ficar longe um do outro por tanto tempo?
– Não.
– Então vai ser bastante difícil, hein?
– Ah, sei lá...
– É que quando se ama, tudo o que menos queremos, é nos distanciar da pessoa amada, não é mesmo?
– É verdade.
– Foi muito bom te conhecer, Hamilton.
– O mesmo digo eu, Melissa.
Ela já ia saindo, quando a segurei pelo braço e disse num tom amável:
– Obrigado.
– Pelo quê?
– Por fazer Michael tão feliz.
Ela, sorrindo encantadoramente, respondeu:
– Eu gosto imensamente do Michael, Hamilton. E quem gosta cuida, não é o que dizem? Tudo o que mais quer é vê-lo feliz!
Assenti, ligeiramente impressionado com suas palavras.

Minutos depois, ao reencontrar Michael, ele passou o braço pelo meu pescoço e me puxando para junto dele falou eufórico:
– Tive uma ideia genial! Que tal você e Edith, eu e Melissa nos casarmos no mesmo dia? Seria o máximo, não?

— Mas você ainda precisa se formar, Michael. Precisa arranjar um emprego para se sustentar.
— Não sei se conseguirei esperar por tudo isso, Hamilton. Sinto urgência de me casar com Melissa. Há também uma boa dose de medo, medo de não viver para viver ao lado dela.
— Não diga bobagens.
— Digo, sim. Por isso quero me casar com ela o quanto antes. Quero dormir e despertar ao seu lado, fazer as refeições ao seu lado. Quero amar, Hamilton, amar como poucos e me entregar a esse amor como poucos também se entregam.

Ele suspirou e prosseguiu:
— Fale com Edith, sobre a ideia de nos casarmos no mesmo dia.
— Há um senão, meu caro Michael. Sua mãe e a minha mãe não se dão, esqueceu? Não suportariam ficar na cerimônia lado a lado.
— Elas que façam as pazes, que ponham de lado suas desavenças por essa grande causa. Nossa causa. Nossa união, nossa felicidade.
— Conhecendo bem minha mãe, não sei se ela seria capaz. Perdão nunca foi seu forte e ela continua culpando a sua mãe, por ter feito nosso pai se separar dela.
— Mesmo depois de ter se casado com outro?
— Mesmo assim. Minha mãe é uma daquelas pessoas incapazes de perdoar um parceiro afetivo mesmo depois de ter descoberto que se sente mais feliz ao lado de outro.
— É uma hipocrisia.
— Eu sei, mas...
— Fale com ela, Hamilton. Tente convencê-la, por favor.
— Está bem, falarei.

Michael me abraçou e me beijou no rosto.
— Você é um irmão e tanto, Hamilton.

Sorri e retribuí o beijo fraterno.

Horas depois, diante de uma vontade louca de provocar e irritar Lídia, fui até ela e disse:

– O seu namorado...
– Está falando comigo, por acaso? – desdenhou Lídia de mim mais uma vez.
– Sim, sua boba.
– Boba é a sua avó!
Calei-me e respirei fundo. Ela, fuzilando-me com os olhos, desafiou-me novamente:
– Desembucha, vamos!
– É sobre o seu namorado...
– Jason? O que tem ele?
– Ele é mudo por acaso? Porque mal abre a boca.
– Ah, pensei que estivesse interessado nele?
– Está me estranhando por acaso?
– Não sei... Hoje em dia tudo é possível nesse sentido.
– Responda-me. Ele é mudo ou nunca consegue falar porque você não lhe dá uma chance?
– As pessoas deveriam abrir a boca só para falar o essencial, sabia?
– Eu sei, mas você, pelo visto, não sabe.
Ela bufou.
– Jason só abre a boca para falar o essencial. Isso é o que mais admiro nele.
– Só isso?
– Não seja retardado, Hamilton. Você está querendo me irritar, por acaso?
Fiz cara de bobo.
– Soube que vai passar uns meses na Inglaterra...
– Sim. Vai sentir saudade de mim, vai?
– Não, querido, vou comemorar a paz que vai nos permitir ter sem a sua presença nessa casa.
– Você realmente me odeia!
– Querido, a vida é muito curta para odiar alguém tão insignificante quanto você.
– Se eu fosse realmente insignificante não perderia tempo me odiando.
– E não perco. *Jamé!*

29

O dia da viagem se aproximava e o fato de eu ter de me separar da Edith por quase três meses, voltava a me apertar o peito novamente. Nunca ficara longe dela por tanto tempo, seria um desafio para mim, quase uma loucura.

Quando o dia do embarque chegou, pensei em desistir da viagem, por causa de Edith, mas foi ela mesma quem me estimulou a prosseguir.

– Vai ser difícil, ficarmos longe um do outro, vai, mas por outro lado, vai ser ótimo para a sua carreira, Hamilton.

Abracei-a com tanta intensidade que nos faltou ar.

Papai, mamãe e Michael também foram ao aeroporto se despedir de mim. Meu pai então aproximou-se e me disse:

– Hamilton, assim você vai acabar perdendo o voo.

– O senhor tem razão, papai!

Abracei-o e chorei em seu ombro. Com minha mãe fiz o mesmo e com Michael também. Ele fizera questão de ir ao aeroporto com meu pai para se despedir de mim.

– Aproveite ao máximo essa oportunidade, meu irmão – disse ele, sorrindo. – Você merece!

– Obrigado.

Voltei-me então para Edith e novamente a beijei e abracei. Ela se segurou para se mostrar forte perante mim, para me dar a coragem necessária para partir, mas eu sabia que no fundo, ela também sofria, por termos de ficar longe um do outro por tanto tempo.

Não restava mais quase ninguém na fila de embarque, quando eu finalmente segui para lá. Logo já me encontrava bem acomodado no assento do avião que me levaria a Londres.

A aeromoça pediu licença então para falar:

– Queiram apertar os seus cintos, por favor.

E a seguir passou a todos as instruções para casos de emergência.

Assim que ouvi o ronco dos motores, fiquei ainda mais empolgado. Quando o avião começou a deslizar vagarosamente pela pista, empolguei-me ainda mais.

"Londres", pensei, fechando os olhos e trazendo à memória a imagem do Big Ben. As turbinas do avião aceleraram e logo a aeronave ganhou os céus. Logo foi servida uma refeição que fiz acompanhado de uma boa dose de vinho, pago à parte, para relaxar a tensão e dormir, o que fiz rapidamente. Quando acordei já nos aproximávamos do aeroporto de Heathrow nas imediações de Londres, Inglaterra. O avião levou algum tempo para aterrar e quando o fez, foi com a suavidade de uma pluma. Depois de passar pela Imigração, tomei um táxi direto para o flat onde ficaria residindo, pelos quase três meses em solo londrino. Londres era um colosso de cidade e eu estava disposto a usufruir dela ao máximo. Uma pena que Edith não estava ali comigo. Com ela ao meu lado tudo seria ainda mais perfeito e inesquecível. Em todo caso, o jeito era eu tentar aproveitar tudo ali da melhor forma possível. Assim começou minha viagem.

Capítulo 3

Minha chegada a Londres foi uma maravilha, gostei do flat onde ficaria hospedado, da turma, dos professores e do curso que faria nos meses que ficaria ali, tudo, enfim, corria como esperado. Pelo telefone, toda noite e também por e-mail me comunicava com Edith. Quando não era ela quem ligava, era eu. O mesmo fazia em relação ao papai e Michael. Como sempre, conversávamos quase que diariamente como fazem dois irmãos que se amam muito. Nos meus momentos de folga saía para conhecer a exuberante Londres. Era tudo o que falavam e mais um pouco. Quando completei um mês ali, fui surpreendido por uma bela surpresa quando ia deixando a escola.

– Hamilton? – ouvi uma voz feminina me chamar.

E meu coração bateu mais forte, pois timbrou tal e qual a voz de Edith. Voltei-me para trás, sorrindo de orelha a orelha, com os olhos já avermelhados de emoção.

– Edi... – balbuciei e segurei as palavras.
– Olá, Hamilton.
– Me... Melissa...
– Olá.
– Melissa, você aqui?!

Ela riu e eu, de leve.

– O que está fazendo em Londres?
– Ora, Hamilton...
– O Michael veio com você?

Ela tornou a rir, linda.

– Não.

Ela riu mais.

– Pare de rir.
– É que você tá com cara de bobo.

Avermelhei-me ainda mais.
– Pensei que fosse Edith, minha namorada, você sabe.
Ela fez uma careta e disse:
– Sinto desapontá-lo.
– O que faz aqui? Por que Michael não me disse que vinha? Ele sabe que você está aqui, não?
– Sim, Hamilton. Foi ideia dele em vir aqui lhe fazer essa surpresa e creio que ele vai rir muito, todos, quando me ouvirem contar o choque que você levou, ao me ver aqui.
– É que eu realmente não esperava.
Ela riu.
– Escondemos de você para eu poder lhe causar esse impacto mesmo!
– Muito bonito da parte de vocês.
– Se Michael tivesse lhe dito, não teria sido uma surpresa.
Concordei.
– Fale-me de todos, como vão? Michael está bem?
– Todos bem e lhe mandaram lembranças. Não, todos não. Lídia não falou nada.
– Já era de se esperar.
Rimos. Calado fiquei até que Melissa me despertou, dizendo:
– E então, que tal tomarmos um capuchino?
– Um capuchino...
– Sim. Que tal? Você tem alguma coisa para fazer nesse instante?
– N-não.
– Então vamos!
Eu a segui e, durante a maior parte do tempo do nosso primeiro encontro em Londres, foi ela quem falou. Contou-me do curso de desenho para estilistas que fora fazer ali e me fez prometer levá-la para conhecer Londres nos nossos momentos de folga.
Não era muito de falar, a não ser que se sentisse íntima da pessoa, mas destravou a língua porque se sentiu confiante

33

em mim, algo inédito, pois pouco, muito pouco me conhecia para confiar em mim. Admiti o mesmo, eu também levava tempo para me soltar com alguém, e com ela também estava sendo diferente.

Ao chegar ao flat, liguei imediatamente para Michael.
– Por que não me contou? – perguntei, assim que tive chance.
– Ah, então vocês já se encontraram?
– Sim. Por um minuto pensei estar vendo um fantasma. Gargalhadas.
– Cuide dela por mim, Hamilton – pediu-me Michael. – Mas só enquanto estiver aí com ela, ok?
Risos.
– Pode deixar.
– Foi também por isso que pedi para ela procurá-lo, assim fico mais tranquilo com ela aí, longe de mim. Foi muito bom o curso dela aí ter calhado com a mesma data do seu.
– É... sim, muito bom.
Desliguei o telefone, pedindo a Michael que transmitisse a papai e Cássia meus abraços. Que fizesse também a Lídia, só para irritá-la, pois sei que se irritaria. Ah, como eu adorava provocá-la.

Foi somente no final de semana seguinte que eu e Melissa nos reencontramos para começar a fazer passeios pela linda Londres. Ela tivera uma semana atribulada, pondo tudo em ordem no dormitório do campus escolar onde ficaria hospedada pelos meses de curso na área dela.

Pegamos o metrô até a estação Westminster para visitarmos diversos pontos atraentes de Londres que ficam nas imediações. Começando pelo Palácio de Westminster, antiga residência da Família Real Britânica, hoje sede do Parlamento Britânico onde também se localizava o famoso Big Ben com seu imenso e fascinante relógio.

Segundo o guia para turistas que carregava em minhas mãos para andar pela cidade sem me perder e descobrir curiosidades a respeito dos lugares que iríamos visitar, descobri que Big Ben era o nome do sino que fica pendurado na torre do relógio.

Dali visitamos o Mosteiro de Westminster Abbey. Uma catedral gótica muito bonita do século 11, onde é feita a coroação real.

Depois pegamos novamente o metrô e seguimos até a estação St Paul's Station para visitarmos a Catedral de St Paul's. Melissa, sendo judia, se interessava mais pela beleza arquitetônica das catedrais do que propriamente pelo significado espiritual delas. Diferente de mim, que sendo católico, especialmente por influência de minha mãe, admirava os lugares por serem cristãos.

Dali seguimos até a Ponte do Milênio, uma ponte suspensa para pedestres, construída sobre o rio Tâmisa para marcar a passagem do milênio. Ela conectava a Catedral St. Paul's em London City com a Galeria Tate Modern e o teatro de Shakespeare em Bankside.

A Torre de Londres foi nossa próxima parada; para visitá-la, descemos na estação de metrô Tower Hill. Entre um local e outro parávamos para tomar um refrigerante, um refresco, um café ou o tradicional chá inglês. Beliscávamos certamente algumas coisas e também tirávamos fotos dos locais.

Vale lembrar que não levamos nossos celulares para lá, pois a quantia que teríamos de pagar na época, pelo deslocamento de chamadas era demais para os nossos bolsos. Éramos de família classe média baixa.

No dia seguinte, começamos bem cedo os nossos passeios. A primeira parada foi o Museu Britânico ao lado da estação Holborn do Metrô. Como nem eu nem Melissa tínhamos muita paciência e interesse por tudo que havia num museu desse tipo, nossa visita foi rápida.

Dali seguimos de metrô até a estação St John's Wood para vermos Abbey Road, a famosa rua de Londres onde o grupo musical Beatles foi fotografado atravessando a faixa

de pedestre perto do estúdio onde haviam gravado seu novo álbum.
 Numa loja de discos de vinil encontramos um original do Yellow Submarine à venda, para colecionadores endinheirados. Muito endinheirados, digamos de passagem, pois custava uma bela quantia. Sempre fora o meu disco favorito dos Beatles e para a minha surpresa, o de Melissa também.
 Subitamente, ela começou a cantar "Ticket to ride" e segurou minha mão com infinita delicadeza. Acho mesmo que ela só se deu conta do que fez, depois do ato em si. O toque me causou certo arrepio, algo esquisito, jamais sentido, que percorreu todo meu interior. Quando dei por mim estava acompanhando-a no refrão. De longe, parecíamos duas crianças inocentes divertindo-se com a vida sem se importar com nada mais ao seus redores.
 Dali fomos para Leicester Square, uma praça badalada rodeada por restaurantes, bares, cinemas e boates. Ali decidimos almoçar finalmente. Ufa, já estava faminto! Escolhemos o restaurante cujo preço dos pratos era o mais atraente para nossos bolsos.
 Papo vai, papo vem e Melissa, rindo, subitamente falou:
 – Acho um barato os rumos que uma conversa toma
 – Como assim?
 – Começamos falando sobre um problema familiar, quando vemos estamos falando de um artista, em seguida da miséria na África e depois de amor.
 – Você quer dizer que começamos falando de abacaxi e terminamos falando de morango?
 – E se juntar tudo dá uma salada de fruta.
 Ela riu. Eu ri. E como era lindo o seu sorriso. Fiquei tão impressionado que cheguei a me desligar por alguns segundos. Quando dei por mim, ela me olhava profundamente e nem foi preciso explicar o porquê de eu ter ficado ausente. Ainda assim, tentei:
 – É que...
 – Não precisa se explicar, não.

Ela riu novamente, linda como nunca. E toda a sua beleza e grandeza me deram coragem para admitir:
– O seu sorriso é um dos mais lindos, sabia?
– Eu também gosto dele. Acho que gosto de mim num todo, o que é raro, pois todo mundo se critica um bocado. Ou é o cabelo que não é do jeito que gostaríamos que fosse, porque é muito crespo ou muito liso ou ralo. Ou é o nariz que deveria ser menor, mais, ou menos arrebitado. Ou é a nossa altura, deveríamos ser mais altos ou menos baixos, mais magros ou mais cheinhos...
Ri.
– Vai me dizer que isso não é verdade, Hamilton?
– É, sim. As pessoas se criticam um bocado.
– Eu me critico muito pouco, graças a Deus. E você?
– Eu?!
– Vamos, Hamilton... Que parte do seu corpo você critica?
– Acho que gosto também de mim por inteiro.
Ela aprofundou o olhar em mim e perguntou:
– Mesmo?
Ri.
– Juro.
– Então somos duas pessoas raras.
– Confesso que em uma determinada época eu me achava muito mirradinho, mas depois que comecei a fazer musculação e ganhei corpo, gostei mais de mim.
– É tão bom, não? Quando a gente começa a gostar mais da gente?
– É.
Houve uma breve pausa até eu lhe perguntar:
– E quanto ao medo? Do que você tem medo, Melissa?
– Medo?!
– É. Todo ser humano tem algum medo dentro de si. Uns mais, outros menos, mas todos têm pelo menos um em destaque.
Ela mordeu os lábios, pensativa e disse:

– Acho que só tenho um, mas é segredo.
– Já sei qual é! – arrisquei, entusiasmado.
– Sabe mesmo?!
– Sei. Medo da morte! Acertei?
– Errou.
– Errei?! Como assim? Todo mundo tem medo da morte.
– Eu, não. Nunca tive.
– Impossível.
– Por quê? Cada um, cada um.
– Mas é que todo mundo tem.
– Eu não sou "todo mundo", Hamilton!
Ri e se estendeu um breve silêncio até eu perguntar, com certa impaciência:
– Afinal, você tem medo de quê, Melissa?
Ela refletiu para responder com palavras precisas:
– De me casar com a pessoa errada.
Eu sinceramente não esperava por aquela resposta.
– Mas pensei que você amasse o Michael.
– Michael me ama enquanto eu... gosto dele, é diferente.
– Isso é natural. Pesquisas mostram que num casal um gosta mais do que o outro.
– Você acha mesmo?
– É o que dizem as pesquisas.
– Eu quero saber o que você, Hamilton, pensa a respeito.
As palavras fugiram da minha boca.
– Eu respondo por você, se me permitir – adiantou-se Melissa, sorrindo lindamente.
– Por favor.
– Você acredita num amor de igual para igual entre um casal, não é mesmo? Você não só acredita como acha possível. Inteiramente possível e eu, Hamilton acredito no mesmo.
– Talvez você ainda não ame o Michael tão intensamente quanto ele a ame, porque estão namorando há pouco tempo.
– Concordo. Nada melhor do que o tempo vivido juntos para despertar o amor, pelo menos é o que a minha mãe diz.

– E eu acho que ela está certa.
– Penso que ela, minha mãe, casou-se com o meu pai gostando dele, não o amando.
– Pelo que ela disse, sim, o convívio acabou fazendo com que ela viesse a amar seu pai.
– Creio que ela teve de se esforçar um bocado para que isso acontecesse.
– Ainda que tenha sido assim, valeu a pena, aposto!
Melissa num movimento ligeiro pousou sua mão sobre a minha e disse:
– Eu não quero que isso aconteça comigo, Hamilton. Quero me casar com um cara porque o amo de verdade e ele a mim na mesma intensidade.
– Isso não vai acontecer, Melissa porque Michael ama você loucamente e, em breve, muito em breve, você vai amá-lo reciprocamente.
– Tenho medo. E se isso não acontecer?
– Relaxe. Dê tempo ao tempo...
– Não quero me casar com dúvidas nem me arrepender depois de ter me casado.
Dessa vez fui eu quem segurei em sua mão e a fiz olhar bem direto nos meus olhos.
– Melissa, Michael é o cara mais doce que conheço e sei que ele a fará muito feliz.
– Você diz isso porque ele é seu irmão querido e protegido.
– Todos têm essa opinião sobre o Michael.
Subitamente os olhos dela marejaram e a voz fraquejou.
– Oh, Hamilton... É tão horrível viver sob a sombra do medo de vir a ser infeliz por fazer a escolha errada. Medo de me arrepender depois e pior... Medo de descobrir o verdadeiro amor depois de estar casada.
Eu segurei firme seus punhos e falei, seriamente:
– Liberte-se do medo, Melissa. Liberte-se senão você não vive. Ninguém vive de verdade e com intensidade nada nesse mundo, se ficar preso à dúvida e ao medo.

39

– O pior é que eu sei disso, só não consigo me libertar.
– Você vai conseguir! Michael vai ensinar isso para você, por meio do amor intenso que sente por você. É pelo amor dele que você vai se ver livre de todas essas inseguranças... Um dia vai olhar para trás e vai sentir orgulho de ter namorado e se casado com Michael Grant.
– Você fala com tanta segurança.
– É porque confio nos sentimentos do meu irmão por você.
Ela deu um meio sorriso e a aflição pareceu dar uma trégua. Com uma súbita guinada de bom humor, ela falou:
– Acho que sempre fui uma medrosa, sabe? Desde menina eu carregava sempre um medo a tiracolo.
Ri.
– O primeiro de todos foi do bicho-papão.
Gargalhei.
– Ah, vá! Quem nesse planeta já não teve medo do bicho-papão? Acho que todo mundo. Eu mesmo tinha.
– Meu medo era tanto que meus pais chegaram a me levar num psicólogo.
– Isso me lembra uma historieta que ouvi certa vez. Era sobre uma menina que não conseguia dormir direito por acreditar que o bicho-papão estava debaixo da sua cama. De tão preocupados com a filha, os pais a levaram numa benzedeira, na igreja para receber uma bênção, a um psicólogo, a um médico e nada de ela melhorar. Foi então que um sábio, ao saber do problema, sugeriu:
"Corte os pés da cama!"
O pai surpreendeu-se com a sugestão e chegou a pensar que não estava ouvindo direito.
"O que foi que o senhor disse?", perguntou.
"Corte os pés da cama!", repetiu o bom homem. "Assim o bicho-papão não terá onde se esconder!"
O pai riu e resolveu aceitar a sugestão. A menina melhorou, afinal, não havia mais lugar algum junto dela para o bichão se esconder.

Melissa riu.
– Foi uma boa solução.
– Não foi?
Rimos. De repente, parecíamos desfrutar de uma amizade de milênios. Nunca me sentira tão íntimo de alguém em tão pouco tempo, nem mesmo com Edith que namorava já há mais de cinco anos.
– Viver é escolher constantemente – comentei ao me lembrar da importante lição que recebi de meu psicólogo quando frequentava um. – Não dá para viver sem fazer escolhas... Agora mesmo estamos escolhendo passar esse tempo juntos... O que virá depois, depende da nossa escolha...
– Eu sei, só que certas escolhas comprometem gravemente a nossa vida, a nossa felicidade. Casar é uma escolha que deve ser analisada com bastante critério. Se ao menos tivéssemos uma bola de cristal para vislumbrar o futuro de nossas escolhas.
– Maravilha, né? – ri. – Só que não há! A vida é feita de escolhas constantes e de erros e acertos. Nem sempre vamos acertar mas também nem sempre vamos errar. Não podemos nos privar de nada por medo de errar, precisamos viver e se errar, errou, paciência, conserta.
Olhei bem para aqueles olhos cor de mel, bonitos e concluí:
– Errar é humano, Melissa. Humano! Não se esqueça disso.
Para encerrar o dia com chave de ouro, seguimos para Piccadilly Circus, uma das esquinas mais famosas de Londres, com outdoors de neon e diversos shoppings que percorremos um a um sem qualquer sinal de cansaço. O que mais nos surpreendeu foi um brechó onde se podia encontrar roupas seminovas do final dos anos sessenta, época em que os Beatles dominaram as paradas de sucesso na Inglaterra e no mundo.

Dias depois, bem no meio da semana, quando já não suportávamos mais ficarmos presos à escola e aos estudos, nos

encontramos novamente para um passeio. Dessa vez fomos visitar London Eye também conhecida como Millennium Wheel (Roda do Milênio), a segunda maior roda-gigante do mundo, cuja luz cada dia adquire uma cor e no final de semana muda a cada tantas horas. Um dos pontos turísticos mais queridos de Londres.
Quando paramos no topo da roda-gigante, estremeci de emoção.
– Ui – ela gemeu.
– Está com medo?
– Apenas um friozinho na barriga – explicou, lançando-me um olhar divertido.
– É medo.
– Talvez...
– Voltando a falar de medos e fobias – disse eu –, pensei que tivesse medo de altura.
– Ora, Hamilton, fui bem clara com você. Não tenho medo de nada, só de... Lembra?
– Ah, sim, é verdade.
Depois de um breve e esquisito silêncio, Melissa comentou:
– É tão linda a vista daqui, não?
– Michael vai amar isso aqui o dia que conhecer – completei. – É louco por rodas-gigantes, parques em geral.
Ri.
– Quando ele era menino, eu o levava a todos que podia. Até os catorze era assim.
Melissa absorveu minhas palavras em silêncio temporário e comentou:
– É evidente que vocês amam Michael muito além do saudável.
– Como assim? Desde quando existe uma medida certa para amar?
– Desde que não se torne prejudicial à pessoa. Vocês não percebem, mas eu que sou de fora, sim.
– Percebe o quê?

– Que vocês protegem Michael excessivamente, como se ele ainda fosse um menininho de fraldas. Um bebê.
– Ora, Melissa, não vejo mal algum proteger quem se ama. Dizem que proteção demais estraga as pessoas, mas isso não é 100% verdade. Muitas pessoas super, hiperprotegidas se dão muito bem na vida...
– Só me pergunto, às vezes, sabe? O que aconteceria a Michael se de repente se visse só, sem a hipersuperproteção de vocês. Tendo de andar com as próprias pernas, contando 100% consigo mesmo. Algo me diz que ele se sentiria mais feliz, mais vivo, entende?
– Do jeito que fala até parece que privamos Michael da liberdade.
– De certo modo, sim. Mas nem vocês nem ele percebem isso.
Fez-se um breve silêncio até ela me perguntar:
– O que o fascina nela?
– Nela?!... Você quer dizer, em Edith?
Ela assentiu.
– Nossa, que pergunta!
– Vamos, diga-me.
– Bem... Deixe-me ver... Sua beleza, seu caráter... sua grandeza interior.
Ela riu.
– O que foi?
– Pelo visto você é um homem fora dos padrões.
– Como assim?
– É que... segundo pesquisas, os homens gostam mais das loucas.
Diante do meu espanto ela afirmou seriamente:
– É sério! É pelas safadinhas que eles se excitam mais. As muito certinhas até encantam, mas com o tempo tornam-se sem sal e sem açúcar. Insossas.
– As pesquisas apontam isso? Mesmo? Ou é você quem pensa assim?
– As pesquisas afirmam isso, comprovando o que eu já

43

pensava.
— Ah, tá!
Rimos e dali, seguimos para um restaurante que nos indicaram como sendo bom e barato.
Estava surpreso com o nosso bate-papo que parecia se descontrair cada vez mais. Acho que em toda a minha vida, jamais conseguira manter um diálogo tão interessante e por tanto tempo com uma jovem quase dez anos mais nova do que eu. Isso era o que mais estava me intrigando e surpreendendo ao mesmo tempo.
Se havia uma palavra para definir Melissa Broadbent era essa: surpreendente. Ela era uma jovem adolescente surpreendente. Ainda que jovem, com intelecto de adulta. Direcionava a conversa para assuntos intrigantes e diferentes. Tudo o que dizia era para pôr o intelecto para funcionar e isso estava me fascinando.
— O que o fascina em Michael? — perguntou-me ela, assim que deixamos o lugar resgatando-me do meu mundo de confabulações.
— Tudo.
Minha resposta foi direta, precisa e verdadeira.
— Tudo, mesmo?
— Michael é doce, amigo, companheiro, verdadeiro, carismático, de um caráter admirável, acima de tudo é fiel...
— Fiel?
— Sim. Fiel a mim, a meu pai, a mãe dele, sua irmã, aos seus amigos, a todos que ama. Especialmente a você.
— Você acredita mesmo que ele seja fiel a mim?
— Sim.
— Até mesmo em pensamento.
Fiquei temporariamente sem palavras. Ela riu e disse:
— Duvido que um homem possa ser inteiramente fiel a uma mulher até mesmo em pensamento.
— Mas trair em pensamento, não é uma traição.
— É, sim. Sonhar com outra mulher, se imaginar com ela, beijando, fazendo sexo é traição, sim.

– Não encaro assim.
– Não encara assim porque é homem e também para não se comprometer, sentir-se culpado por trair sua namorada em pensamento.
Ri e avermelhei. Ela foi ácida novamente:
– Todo mundo trai em pensamento, só não tem coragem de admitir. Até as mulheres.
– Você trai Michael em pensamento?
– Sim! E sabe por que isso acontece?
– Porque a carne é fraca – sugeri.
– Isso é o que muita gente pensa. Para mim, acontece porque a pessoa com quem você está se relacionando não é a sua alma gêmea. Se fosse, não haveria traição alguma.
– Você acredita mesmo nisso?
– Sim. E se você trai em pensamento sua namorada e eu traio Michael em pensamento, é porque ambos não são nossas almas gêmeas.
– Não acha que está sendo muito radical?
– Não, Hamilton. Estou sendo realista.
Emudeci. Sua próxima pergunta me fez avermelhar ainda mais.
– E nas vias de fato, Hamilton? Você já traiu sua namorada?
Enrubesci ainda mais.
– Não precisa me responder não, meu caro. Seu semblante disse mais do que mil palavras.
Eu tinha de me explicar, não queria que aquela jovem esperta e inteligente pensasse mal de mim, me compreendesse mal.
– Aconteceu no início do nosso namoro, Melissa.
– Quantas vezes?
– Isso importa?
– Para mim, sim!
– Está bem... por muitas vezes. Mas calma, deixe-me explicar por que isso ocorria.
Tomei ar e prossegui:

45

– Nós não transávamos, digo, eu e Edith.
– Por quê?
– Porque ela queria casar-se virgem. Como manda a tradição de uma boa moça. Eu respeitei. Só que um homem tem suas necessidades e, por isso, me resolvia com outras garotas, mas era só pelo sexo, nada além do sexo.
– Vocês homens são formidáveis... Por mais que ajam assim, jamais serão chamados de piranha. Se uma mulher fizer, terá esse apelido e outros bem piores. Eta sociedade machista!
– É verdade. Bem, enfim, tudo não passava de uma transa para mim.
– E para as moças?
– Elas me entendiam. Eu sempre deixei bem claro para elas que tudo não passava de sexo. Hoje não faço mais isso. Já há um bom tempo que não faço mais.
– Por qual razão?
– É tão embaraçoso falar a respeito.
– Larga de ser bobo, Hamilton. Entre nós nunca haverá segredos.

As palavras dela me surpreenderam novamente, limpei a garganta e falei ainda que ligeiramente gago:
– Depois de anos de namoro, eu e Edith acabamos transando e tem sido assim desde então. Aconteceu depois de eu lhe dar a certeza de que iríamos nos casar porque ela era a mulher da minha vida. Uma vez que não me restavam dúvidas, nem para mim nem para ela, passamos a dormir juntos. Estamos só esperando eu me firmar na empresa, juntar uma grana para nos casarmos e...
– Viverem felizes para sempre?
– Se possível...
Risos.
– Acredita mesmo que um casal possa viver feliz para sempre, até que a morte os separe?
– Sim. Você não?
– Só se um for a alma gêmea do outro.

— Lá vem você de novo com esse papo de alma gêmea...
— Se ela existe, digo, a alma gêmea, penso que leva um tempo para que um perceba que é definitivamente a alma gêmea do outro.
— Talvez...
Ela se levantou e disse:
— O papo tá bom, mas preciso ir.
Sua reação me assustou um bocado, pensei, sem saber ao certo o porquê, que nosso bate-papo se estenderia por muito mais tempo. Pensei que estar em minha companhia, estava sendo agradável para ela.
— O que foi? — perguntou-me ela, prestando melhor atenção aos meus olhos.
— Nada, não...
— Não minta para mim, Hamilton. Já lhe disse, não disse? Que nunca haverá segredos entre nós?
— Sim, você disse...
— Então, vamos, abra-se comigo.
— É que eu pensei que estava gostando da minha companhia, afinal, o papo estava tão bom...
— E estava mesmo, continuaremos no próximo encontro, meu caro. Ainda estaremos aqui por um bom tempo, o que nos permitirá viver ainda muitas aventuras lado a lado, Hamilton!
Levantei-me, sorrindo.
— Você tem razão Melissa, é que de repente, sei lá por que, foi como se eu não tivesse mais a chance de reencontrá-la, o que é uma tolice, afinal, como você mesma disse estaremos em Londres por mais semanas e você será minha cunhada.
Ela assentiu, desviando os olhos dos meus.
— Até a próxima, Hamilton — disse ela, voltando-me a encarar com seus olhos cor de mel. — Nos encontramos no mesmo lugar a mesma hora da próxima vez, pode ser?
Um sorriso largo se abriu em minha face.
— É lógico que sim, Melissa.
Ela me deu um beijo de despedida e partiu. Eu, sorrindo, acenei para ela feito um imbecil. Afinal, ela estava de costas

47

para mim, não podia ver meu aceno. Incrível como um homem pode fazer as coisas mais estúpidas quando encantado por uma mulher, ainda que ela seja apenas sua futura cunhada.

Voltei para o flat preocupado com tudo que Melissa havia me dito. Preocupava-me com Michael, sim, especificamente com ele. As dúvidas de Melissa poderiam comprometer negativamente sua felicidade e tudo que eu menos queria na vida era ver meu irmão sofrer.

Repassei alguns trechos da conversa que tivéramos naquele dia e, de tudo o que mais me impressionou, foi o que ela disse com uma certeza de arrepiar:

"Nós nunca teremos segredos um para o outro, Hamilton".

Essa era Melissa Broadbent, uma jovem de apenas dezessete anos que parecia mais madura do que eu e qualquer outra mulher com que eu conversara em toda a minha vida.

Capítulo 4

Fui me encontrar com Melissa somente no final da semana seguinte. Tanto eu quanto ela, ficamos apurados dedicados aos estudos. Todavia trocávamos pelo menos uma dúzia de palavras ao telefone todos os dias.

Escolhemos um agradável *pub* em Piccadilly Circus, sugerido por colegas de classe de Melissa, para o ponto de partida do nosso *sightseeing** daquele final de semana.

Assim que revi Melissa, notei de imediato que estava diferente, parecia mais viva e exuberante. Mudara a maquiagem e o penteado do cabelo e parecia mais solta também.

– Como foi seu curso essa semana? – perguntei.
– Bom.
– Somente bom?
– Sim... Se tivesse sido melhor eu teria dito: excelente, mas não foi, portanto, só me resta dizer que foi bom.

Ri. Seu modo direto era tão divertido.

– Como você é exigente!
– Temos de ser, Hamilton.

Cocei a nuca, sentindo-me sem graça, sem saber ao certo por que.

– Falei com Michael ontem, assim que cheguei ao dormitório em que estou hospedada – continuou ela.
– Como ele está?
– Bem. Repetiu o que já me dissera anteriormente. Que se sente mais tranquilo agora que sabe que estamos mantendo contato um com o outro aqui em Londres. Sabe que se eu precisar de alguém para alguma emergência, você pode me socorrer. Posso mesmo, Hamilton?

Significa visitar os pontos turísticos de uma cidade. (N. do A.)

49

– É lógico que pode, Melissa!
Dessa vez foi ela quem riu.
– E quanto a sua namorada, andam se falando?
– Sim. Desde que cheguei aqui, nos falamos todos os dias.
– Contou a ela sobre mim? Que nos encontramos e fazemos passeios divertidíssimos por Londres?
Pelo meu semblante, ela percebeu que "não".
– Por que não lhe disse nada, Hamilton? Tem receio de que ela fique enciumada?
Assenti.
– Que bobagem, não? Se ela confia em você, não teria por que sentir ciúme!
– Confia, mas...
– Ah, já sei! Confia, desconfiando.
Risos.
– Todo mundo é um pouco assim...
– Quer dizer que você também confia em Edith, que diz ser o grande amor da sua vida, desconfiando?
– É muito difícil conversar com você, Melissa. É duro conversar com gente inteligente.
– Correção: uma mulher inteligente!
– Sim, Melissa. Uma mulher inteligente!
Ela sorriu.
– Ainda assim – admiti –, gosto muito de conversar com você.
– Eu sei.
– Além de inteligente é convencida, hein?
– Um pouco de convencimento não faz mal a ninguém, Hamilton.
Enrubesci.
– Se toda vez que eu disser uma verdade e você se avermelhar, pode nunca mais voltar a sua cor original.
Avermelhei-me de novo.
– Pare de me amolar – falei, fingindo bronca.
Rimos.

– O que faremos hoje?
– Como assim?
– Não acha que ficaremos sentados aqui neste pub, divagando sobre a vida eternamente.
– Pensei que gostasse de divagar comigo!
– E gosto. Só que vamos divagar em lugares diferentes, assim a gente vai conhecendo tudo o que Londres tem a nos oferecer.
– Boa ideia!
Saltei da cadeira, peguei no punho dela e puxei-a para a calçada. Era como se eu estivesse puxando o meu melhor amigo para uma farra, daquelas que só homens sabem participar.
Naquele dia fomos ao famoso museu de cera Madame Tussauds onde se pode apreciar a maior coleção de figuras de celebridades em cera. Um lugar impressionante. As réplicas das celebridades da música, cinema e TV eram impressionantemente perfeitas, nos mínimos detalhes.
– A semelhança é incrível, não? – comentou Melissa, abobada.
– Sem dúvida.
Depois de vermos tudo, comentei:
– O mundo é um lugar tão desigual, não? Uns com tanto talento para se tornarem celebridades, entrarem para a história do mundo e outros tão sem nada. Não consigo compreender. A fome, por exemplo. Enquanto uns têm fartura na mesa, outros morrem de fome.
– O mundo é cheio de mistérios, Hamilton. Já desvendamos alguns ao longo dos tempos, mas ainda faltam muitos.
– Todos deveriam ter pelo menos comida farta na mesa. A fome deveria ser proibida em qualquer canto do planeta. Aí sim, o mundo daria um passo para uma vida mais digna para todos, tornar-se-ia um lugar mais pacífico de se viver.
– Há outros tipos de fome, Hamilton. A fome da alma, por exemplo.
– Fome da alma?!
– Sim. Há alimentos para a alma, alimentos que ela não

vive sem, não sabia?
— Como, por exemplo?
— Amor. O amor não se pode comprar, sendo assim os que não têm sorte no amor, continuariam famintos por amor!
— O que prova que é um mundo desigual; afinal, uns são amados por tantos e outros por ninguém. É, a vida é mesmo um mistério. Mas não falemos mais nisso senão me deprimo.
Como o dia estava ensolarado, partimos para Hyde Park, o maior e mais famoso parque no centro de Londres, ideal para relaxar, fazer piqueniques e se divertir um bocado, pois oferece muitas outras atividades interessantes, tais como: visitar o memorial da Princesa Diana, fazer passeios de carruagens e de pedalinhos no lago sinuoso; lançar frisbees, jogar rúgbi, tênis e boliche e até mesmo praticar o hipismo com os cavalos que disponibilizam no lugar. Inclui também Kensington Gardens, uma área verdejante onde as pessoas descansam, andam, correm e tomam banho de sol no verão. Ali também encontramos restaurantes, cafés e banheiros públicos, o que foi ótimo, pois eu estava apertado.
Andamos um bocado e decidimos fazer o nosso chá das cinco ali mesmo, num dos restaurantes que mais nos atraiu. Um lugar aconchegante onde bebemos algo gelado e saboroso.
— Se Michael nos visse agora, não acreditaria — comentei entre risos. — Sua namorada, a jovem que ele tanto ama, tomando cerveja com seu meio-irmão. Duas pessoas que ele tanto ama, unidos por acaso no exterior.
— Não foi por acaso!
Fiz ar de espanto:
— Não?!
— Não! O destino quis assim.
— Você acredita mesmo em destino?
— Se acredito em alma gêmea...
Fiz uma careta e entornei a bebida. Nosso encontro terminou sem promessas de nos vermos no domingo que era o dia seguinte, o jogo do meu time de beisebol seria transmitido pela TV na tarde do dia dominical e eu não o perderia por nada

desse mundo.

Naquela noite, no flat, logo após eu tomar meu banho, o telefone tocou.
— Michael?!
— E aí, meu irmão querido? Como vão as coisas pela velha Londres?
— Tudo em paz, Michael.
— Que bom que você e Melissa se encontraram, Hamilton. Com você aí ao lado dela sinto-me muito mais seguro. Ao seu lado sei que nada de ruim pode lhe acontecer.
— Fique tranquilo, maninho. Cuidarei dela por você.
Rimos.
— Como está o papai? E Cássia? E a honorável Lídia? Mande lembranças a todos! E o timão? Depois do jogo desta semana, para mim não há duvidas de que vamos ganhar o campeonato.
— Também acho.
A conversa se estendeu sobre outros interesses.

No dia seguinte, à hora do jogo, voltei para o flat onde eu estava hospedado para assistir à partida pela TV. Nem bem me posicionei no sofá para assistir ao evento, a campainha tocou. Fosse quem fosse, pensei, havia apertado a campainha do quarto errado, afinal não esperava por ninguém. Todavia o som se repetiu insistentemente, me fazendo ir atender à porta. Mal pude acreditar quando vi Melissa bem diante dos meus olhos.
— Melissa?! Você aqui, que surpresa...
— Vim assistir ao jogo com você, Hamilton.
Ela entrou sem que eu a convidasse.
— E desde quando mulheres se interessam por beisebol, Melissa?
Ela me encarou friamente e disse:
— E desde quando eu sou toda mulher, Hamilton?
E, diante daquela resposta não havia mais o que dizer.

53

– Está começando, venha – alertou-me ela, sentando-se ao sofá.

Foi surpreendente para mim, assistir à partida ao lado de minha futura cunhada, bebendo cerveja e comentando os lances como se estivesse ao lado dos meus melhores amigos. Somente no intervalo tive a chance de lhe perguntar:
– Como conseguiu me localizar? Não me lembro de ter lhe dado o endereço do flat...
– Não me deu mesmo. Foi Michael quem me passou.
– Michael?!
– É. Foi sugestão dele que eu viesse até aqui para assistir a partida com você. Sabendo o quanto eu me interesso por beisebol, achou que você seria uma boa companhia para mim nessa hora, da mesma forma que eu seria para você.
– Michael disse isso?
– Han han.
– Poxa!
– Gostou ou não gostou de eu ter vindo?
– É lógico que sim, só fiquei um tanto surpreso... Nem sei por que, afinal, você consegue me surpreender o tempo todo.
– Que bom, né?
Terminamos de assistir ao jogo e brindamos a vitória do meu time. Depois, saímos para jantar num restaurante chinês que ficava nas proximidades.

Ao voltar para o flat, encontrei um recado de Edith na portaria, pedindo para que eu ligasse para ela assim que chegasse.
– Hamilton! – exclamou ela ao reconhecer minha voz do outro lado da linha. – O que houve com você? Fiquei preocupada. Liguei por diversas vezes e não o encontrei, achei que algo de ruim havia lhe acontecido.
– Não, meu amor. É que depois de assistir o jogo pela TV saí com uns amigos que fiz aqui para comemorar num restaurante.

– Ah... Podia ter pelo menos me avisado.
– Foi falha minha, Edith. Desculpe-me. Não pensei que ficaria preocupada se não me encontrasse aqui.
– Preocupo-me com você, Hamilton, mais que tudo, você sabe! Até mais do que a mim mesma.
– Não precisa exagerar.
– Quem ama, cuida, meu amor.
– É verdade, você tem me ensinado isso e lhe sou grato. Ah, Edith, eu a amo tanto!
– Eu também o amo, Hamilton. Mal vejo a hora de ter você de volta aqui, ao meu ladinho como sempre. A impressão que tenho é de que você está distante de mim há meses.
Ri.
– É... Também tenho essa impressão, meu amor.
Era isso que eu mais gostava em Edith Hall, o seu apego por mim, o quanto ela fazia questão de deixar bem claro a respeito da minha importância na sua vida, o que acabava fazendo com que eu também me sentisse importante. A vontade dela de construir uma família ao meu lado, estimulando-me a prosperar para poder propiciar do bom e do melhor para todos.

Com Edith Hall minha vida era perfeita. Não que não fosse antes de conhecê-la, era, mas depois de nos unirmos, tornou-se uma perfeição grandiosa. Edith deveria ser o que Melissa Broadbent definia como sendo a minha alma gêmea.

Desliguei o telefone e me perguntei se eu sentia em relação a ela, o mesmo amor que Michael sentia por Melissa. Aquele amor voraz e intenso, com desejo de ser eterno?

Sim, certamente que sim. Foi o que me fez lhe prometer, que seria seu eternamente, quando se entregasse para mim. Edith tivera medo de ser usada e jogada fora, medo de perder a virgindade com o cara errado. Mas pelo amor que eu sentia por ela, garanti que uma vez sendo minha, para sempre seria. Ao pensar no medo de Edith, lembrei-me do medo que Melissa dizia sentir em relação a sua vida afetiva.

Medo, o bendito medo estava sempre ao lado de todos,

feito uma sombra, e o meu agora era de que Michael se decepcionasse com Melissa, o que não podia acontecer. Por isso estava disposto a fazer com que ela visse Michael por um ângulo ainda mais afetuoso, inteiramente pela lente do amor. Foi pensando em Melissa que adormeci aquela noite. Na sua juventude que me parecia eterna, o que me fez lembrar da famosa canção Forever Young do grupo Alphaville. Era exatamente isso que eu sentia, estando ao seu lado, como se juntos fôssemos ser eternamente jovens. Como se eu tivesse tido o privilégio de ter regredido no tempo, ter voltado 9, 10 anos no tempo e ficado com a mesma idade que a dela. Havia também a sensação de que fora Melissa quem havia avançado no tempo, ficado 8, 9 anos mais velha para se igualar a minha idade.

Capítulo 5

Nosso novo encontro aconteceu no próximo sábado, em que para a alegria de muitos as nuvens haviam fugido do céu. O azul intenso sobre todos despertava algo de bom até mesmo nos de mal com a vida. Nunca me sentira tão disposto a me levantar para conhecer os pontos mais elegantes de uma cidade como aquela. Eu sempre achara *sightseeing* maçante, mas com Melissa ao meu lado tornava-se extremamente interessante.

Pela estação de metrô Victoria chegamos ao Palácio de Beckham para assistirmos a troca da guarda da rainha que teria início as 11:30 da manhã. Uma das atrações mais famosa de Londres para londrinos e turistas. Um ritual onde os soldados que protegem a rainha trocam de turno de forma muito elegante. O lugar já estava cheio àquela hora. Eu que era alto podia enxergar tudo com certa clareza, para Melissa que era baixa, foi preciso encontrar um vão, em meio à multidão, para que pudesse ver tudo com detalhes.

Só depois é que visitamos a residência oficial da monarquia britânica desde 1837. Por ser aberto ao público de julho a setembro, aguardamos julho chegar para visitá-lo. Ali pudemos ver a exibição dos tesouros reais e muitas pinturas, esculturas e porcelanas de artistas famosos. Sem contar os móveis mais finos do mundo, simplesmente lindíssimos. Quando soube que o lugar tinha 775 quartos, quase caí de costas, Deus meu, para que tanto quarto assim? Melissa riu de mim às pampas.

Depois do nosso almoço tardio de sempre, já que o dia estava tão bonito, seguimos mais uma vez para a London Eye.

— É mesmo linda a vista daqui, não? — admiti enquanto a

roda-gigante nos levava cada vez mais para o alto. – O Big Ben e o Tâmisa... É tudo tão bonito de se ver... Acho que nunca vou me cansar de vir aqui.
– Nem eu – concordou ela também comovida com o que via.
– É um passeio tão maravilhoso...
– É que tudo sempre fica mais bonito quando se está bem acompanhado, não acha?
A observação me despertou daquele estado contemplativo.
– Como assim?
– Ora, Hamilton, não vai querer que eu lhe explique algo tão simples de se entender.
– Só que eu não entendi.
– Será mesmo?
Engoli em seco e repassei a pequena frase em pensamento. Só então compreendi o que ela quis dizer e ri.
– Ah, quando disse que tudo fica mais lindo em boa companhia refere-se a você, não?
Ela concordou, balançando sua graciosa e delicada cabeça cujo cabelo castanho, liso, lindo caía de cada lado.
– Sou ou não sou uma boa companhia, Hamilton?
– É.
– Por isso seus dias em Londres estão sendo tão maravilhosos. Quando se tem uma boa companhia, qualquer lugar do mundo torna-se mais agradável e interessante. Saiba também que você está tornando a minha permanência em Londres muito mais luminescente porque é também, sem dúvida, uma ótima companhia.
– Obrigado. Então, tanto eu como você estamos em ótima companhia.
Sorri e ela retribuiu o meu sorriso lindamente. De repente, senti uma vontade insana de nunca mais ter de sair dali, daquela cabine aconchegante daquela roda-gigante magnífica, para poder ficar eternamente em boa companhia, jamais voltar para o mundo cruel lá fora.

– No que pensou, Hamilton?
Avermelhei.
– Em nada não.
– Como nada? Não minta para mim, já lhe disse que entre nós nunca haverá segredos.
– É, você insiste em me lembrar disso.
– Porque é verdade. Agora diga-me o que pensou, ou melhor, não diga. Eu direi para você.
– Mesmo? Sou tão transparente assim?
– Como o vidro mais bem limpo da face da Terra.
Ri. E muito mais depois que ela disse:
– Passou pela sua cabeça o quanto seria bom ficar aqui dentro dessa cabine longe, bem longe do mundo e sua triste realidade.
– Ou você é vidente ou eu sou mesmo muito transparente!
– Você é transparente, Hamilton. Consigo ver tudo o que se passa em você. Quer que eu diga mais?
De repente, aquilo me amedrontou.
– Não – respondi de supetão, fechando o cenho.
Ela tocou minha mão e falou, macio:
– Ei, calma, relaxe... somos amigos, lembra? Dois grandes amigos.
"Amigos"... A palavra ecoou por minha mente por quase um minuto. Soava estranha aos meus ouvidos, como se não fosse real.
Ao deixarmos a roda-gigante, seguimos sem destino certo, nunca fizéramos isso até então.
– Saber que Londres já foi palco de tantas histórias que marcaram a história da humanidade, não? – comentei a certa altura.
– Se foi... – concordou ela. – A meu ver o mundo é um grande palco, Hamilton. Nossas vidas são como peças teatrais só não sei, ao certo, para quem se entreter.
Logo avistamos guardas, tentando conter uma manifestação ecológica. Havia muitos curiosos ali, se misturando a turistas

59

e ao pessoal da manifestação. Fomos entrando no meio de tudo aquilo sem nos darmos conta e quando vimos, estávamos cercados de gente por todo lado. Foi aí que o surpreendente voltou a acontecer entre mim e Melissa. Ela branqueou, amoleceu e se segurou em mim.
– O que foi? – perguntei, assustado.
– Abrace-me, Hamilton.
Assim fiz.
– Abrace-me mais forte, por favor.
Atendi a ordem sem titubear.
– O que houve? Você não está passando bem?
Ela suspirou e respondeu com voz abafada.
– Acho que sofro de agorafobia.
Ao perceber que eu desconhecia o significado da palavra, Melissa me explicou, pacientemente:
– Fobia de multidão... De estar no meio da multidão – precisou.
Abracei-a mais forte por estar preocupado com ela e por querer ampará-la.
– No meio de manifestações como essa, sinto-me pior – argumentou. – Vamos sair daqui, por favor.
Assim que nos distanciamos da multidão, voltei-me para ela e estudei seu semblante. Por sorte, a cor havia voltado ao seu rosto.
– Melhorou? – perguntei ansioso para obter uma resposta positiva.
Melissa limitou-se a oferecer o seu sorriso tímido e delicado. Achegou-se a mim como uma filha, querendo ser amparada pelo pai.
Abracei-a e fiquei acariciando-a como se fosse uma seda o que de fato parecia ser.
Ficamos em silêncio sem pressa de importuná-lo com palavras. Então, sei lá por que comecei a cantarolar "Hey Judy!" e, dessa vez, foi ela quem me acompanhou no refrão.
Só depois de cantar e recantar a canção por três vezes é que desfizemos o abraço e nos encaramos.

– Obrigada – disse-me ela com voz de cristal, transparente e frágil. – É tão bom quando a gente se sente amparada quando se sente perdida no meio da multidão.

Afaguei-lhe os cabelos e jurei:
– Você nunca estará desamparada, Melissa. Você tem a mim e... Michael.

Seus lábios esboçaram um sorriso tímido e trêmulo, espelho do meu.
– Eu sei, Hamilton. Eu sei... e isso me conforta um bocado.

Já havia escurecido quando a levei de volta para o campus da escola. Uma brisa fresca penteava a cidade, e eu tirei o casaco para colocá-lo nos ombros de Melissa para aquecê-la. Pelo caminho, ela me pôs a par de mais um de seus medos:
– Não me sinto bem no meio de muita gente porque tenho medo de que algo de ruim me aconteça.
– Você, alguma vez, já teve uma experiência ruim no meio de muita gente?
– Não que eu me lembre.
– Pode ser um trauma.
– É coisa de mente catastrófica, sabe? De tanto ouvirmos falar em tragédias, pensamos, sem nunca termos vivido uma, que elas podem nos acontecer e só de pensar no que pode nos acontecer, nos apavoramos e daí nascem nossas fobias tal como a agorafobia.
– Faz sentido.

De frente à porta do campus onde ela estava hospedada, nos despedimos.
– Bem... Já vou indo...
– Ter sua companhia foi mais uma vez maravilhoso, Hamilton. Obrigada.
– Você também foi uma ótima companhia, Melissa.

Fiz menção de dar-lhe um beijo de despedida na face, mas reprimi o gesto. Achei que seria intimidade demais para com ela, a namorada amada de meu estimado irmão.

Sem mais, parti. Encontrava-me na cama, com a cabeça bem aconchegada no travesseiro, quando me lembrei das palavras corretas que Melissa usou para definir sua agorafobia: "Tenho medo de que algo nos aconteça em meio a multidão!".

De repente, era eu que tinha medo de que algo lhe acontecesse, pior, que acontecesse a mim e a ela, a nós três: eu, ela e Michael. O cansaço prazeroso daquele dia, impediu-me de ir além com meus pensamentos e, assim, adormeci.

No dia seguinte, domingo, fiz a loucura de ir até o campus escolar onde Melissa estava hospedada para despertá-la com a minha chegada surpresa. Havíamos combinado de nos encontrar no nosso ponto de encontro de sempre, mas eu quis surpreendê-la tal e qual ela me fazia com sua personalidade marcante.

– Hamilton?!
– Olá, Melissa... – respondi com aquela mesma cara de ansiedade e frenesi pueril.
– Você aqui? Aconteceu alguma coisa? Perdi a hora? Que horas são?
– Quis apenas te surpreender!
– E conseguiu, parabéns! Dê-me um tempo para me arrumar.
– Ok.

Quando pronta, lindamente vestida e pintada para sairmos, ela voltou-se para mim e perguntou:
– Para onde iremos hoje, Hamilton?
Eu, meio gago, respondi:
– Achei que poderíamos ir a...
– A...

Meus lábios esboçaram o velho sorriso tímido e trêmulo. De repente, eu parecia um bobo, nem o Dunga poderia ser tão bobo como eu.

– O que foi, Hamilton? O gato comeu sua língua?
A frase me despertou e me descontraiu:

– O que eu estava dizendo mesmo?
– Que poderíamos ir a..
– É verdade...
– Ir a...
Diante do meu embaraço e da minha total falta de eloquência, ela completou a frase por mim:
– Irmos a qualquer lugar, é isso?
Novamente meu sorriso bobo se estendeu de orelha a orelha.
– Sim, Melissa, é isso. Irmos a qualquer lugar que Londres possa nos oferecer de bonito e interessante.
– Porque não importa o lugar, não é Hamilton? Desde que estejamos juntos será uma grande aventura, um grande prazer.
Ao sentir o rubor espalhando pela minha face, fugi do seu olhar. Então para nos distrair, comentei, adquirindo um tom brincalhão:
– Sabe quem você me lembra?
– Não.
– Tenho vergonha de dizer.
– Agora que começou vá até o final, Hamilton.
– Está bem... está bem...
Limpei a garganta e falei:
– Chapeuzinho Vermelho.
– Eu?!
– É! Não sei por que, toda vez que eu a vejo, me vem a Chapeuzinho Vermelho à cabeça, pode?
– Se eu sou a Chapeuzinho você é o Lobo?
– O caçador talvez, o Lobo, nunca!
– Por quê? Não gosta de rosquinhas?
Risos.
Foi mais um dia e tanto ao lado de Melissa Broadbent. Acabamos indo, sem querer, visitar a Catedral de Westminster, principal igreja católica da Inglaterra, cuja torre tem 64 metros de altura com uma vista privilegiada de Londres. Descemos na estação do metrô Victoria para isso.

63

Entre um lugar e outro, almoçamos e tivemos a brilhante ideia de irmos assistir a um show, um dos muitos que se realizam em Hyde Park. Para evitar a agorafobia de Melissa, não nos misturamos à multidão, ficamos assistindo ao evento de longe. Uma das canções chamou a nossa atenção, dizia:

Don't let your mind stop you from having a good time
Don't let anyone unhappy stop you from having a good time
But, invite them to have a good time with you
Turn the blue into pink, turn a "hate you" into a "I love you!"
Don't let greed stop you from having a good life
Don't let some Al Capones stop you from having a good life
But, invite them to have a good life with you
A life where we can make our best dreams come true
So let's turn the bad times into good times*

*Tradução ao pé da letra da canção Good Times:

Não deixe sua mente impedi-lo de ter bons momentos
Não deixe ninguém infeliz impedi-lo de ter bons momentos
Aliás, convide todos para ter bons momentos com você...
Transforme o azul (a tristeza) em rosa (alegria).
Transforme um "Eu te odeio" em um "Eu te amo!"
Não deixe que a ganância o impeça de ter uma vida boa
Não deixe Al Capones impedi-lo de ter uma vida feliz
Aliás, convide todos para ter uma vida feliz com você
Uma vida onde possam transformar nossos melhores sonhos em realidade!
Então vamos trocar os maus momentos por bons momentos e bons momentos por melhores ainda.

A noite caiu parecendo mágica. Acho que era umas das noites de verão mais bonitas que Londres já vira na estação daquele ano.

Ao me despedir dela, ela segurou meu punho e falou:

– Você sabia que as mulheres têm um instinto infalível para saber quando um homem está perdidamente apaixonado por elas?

– Não!

– Têm. Por isso tenho a certeza de que você está

apaixonado por mim.
O comentário foi feito com tanta franqueza que me encheu de espanto e surpresa.
— Você, Melissa, é uma jovem apaixonante. Por isso Michael se apaixonou por você.
— Não fuja do assunto, Hamilton. Estou falando agora de você.
— É melhor eu ir.
— Hamilton! Será que você não percebeu ainda que eu também estou apaixonada por você?
— Melissa, por favor.
— Calma, Hamilton. A paixão tem muitos níveis. Não precisa ser carnal. Temos paixão pela nossa mãe, por nosso pai, por uma celebridade, um músico, um animal de estimação, um amigo...
A observação me surpreendeu e me fez sorrir, encantado mais uma vez com o modo de ser daquela jovem transparente e misteriosa ao mesmo tempo.
— Repito o que disse, Melissa... Você é uma jovem apaixonante. Por isso Michael se apaixonou por você. Por falar nele, vocês têm conversado?
— Todos os dias. Ele me liga todos os dias até conseguir me pegar em casa.
Engoli em seco.
— Edith também faz isso. É tão bom ser querido, não? Saber que tem alguém que não sossega enquanto não falar com você, não é mesmo?
Ela assentiu.
— É melhor eu ir.
— Boa noite.
— Boa noite.
Eu já havia me distanciado um bocado quando ela perguntou:
— Nos vemos amanhã?
Voltei-me para trás com um rosto apagado:
— Amanhã é segunda, Melissa, esqueceu-se?

65

– E daí? Fomos nós quem determinamos que só poderíamos nos divertir por Londres aos fins de semana, lembra? Isso nos dá o direito de quebrar as regras assim que quisermos, não acha? E então, como ficamos? Nos vemos amanhã ou... A não ser que você não queira Hamilton.
– É claro que quero, Melissa. Que bobagem, é lógico que sim.
Meu rosto se tornara agora luminoso.
– Então nos vemos amanhã?
– Sim, Melissa, amanhã, depois das aulas, no mesmo horário de sempre...
– E no mesmo bat local.
– Sim – ri. – No mesmo *bat local**.

A perspectiva de que voltaria a ver Melissa no dia seguinte, persuadiu-me a acordar mais animado para ir ao curso, ao qual já não dava mais tanta importância quanto aos meus encontros com Melissa.

Como Michael havia dito certa vez: Melissa era realmente perfeita. Nada nela destoava ou constrangia. Era agradável olhar para ela, interessante conversar com ela – em todos os sentidos, a mais encantadora das companhias. Nunca alguém definira o outro com tanta precisão.

Na segunda, como havíamos combinado, lá estávamos nós novamente juntos para nos aventurar por Londres. Dessa vez, seguimos de barco, através do rio Tâmisa, até Greenwich, outro ponto badalado da cidade. Lá pudemos ver o observatório astronômico real e o marítimo, o relógio 24 horas, o colégio naval real e o fenomenal palácio de Placentia, uma das casas da rainha com vista para o parque.

De Greenwich pudemos também apreciar a vista panorâmica lindíssima da cidade de Londres, e fazer caminhadas ao lado do rio Tâmisa onde dialogamos como dois personagens dos dramas de Shakespeare.

---

*Expressão muito popular entre os jovens, desde a década de setenta, inspirada no personagem Batman, o herói mascarado. (N. do A.)

– Será que é possível vivermos sem passar raiva? – perguntou-me Melissa a certa hora.
– É natural sentirmos raiva de vez em quando... O que a anda aborrecendo, Melissa?
– O medo.
– Lá vem você novamente falar de medo. Do que está com medo desta vez?
– Estou com medo de não ser feliz.
Peguei na mão dela e apertei.
– Você será feliz, Melissa, acredite. Você tem Michael e Michael nasceu para nos fazer felizes.
– Michael não pode me fazer feliz totalmente, Hamilton.
– Você o conhece há muito pouco tempo para saber. Espere por mais alguns meses...
– Não posso esperar, Hamilton.
Ela apertou a minha mão antes de completar:
– Amanhã pode ser tarde demais. A vida urge. Não quero perder a oportunidade de ser feliz.
Sentindo necessidade de acalmá-la, puxei-a para junto de mim e a abracei.
– Calma, minha querida...
Apertei sua cabeça contra o meu peito e completei com voz terna:
– Muita calma... não se desespere... estou aqui para protegê-la.
Ela ergueu o rosto e me encarou com seus olhos cor de mel avermelhados e lacrimejantes. Um olhar que me fez arrepiar, sem saber precisar por qual emoção. Jamais a havia visto assim tão de perto, sentindo a sua respiração quente, chegando a mim e se misturando com a minha. Uma onda de pavor se espalhou pelo meu corpo quando ela me abraçou apertado.
– Ah, Hamilton... É tão bom estar aqui com você.
Perdi a fala. Estava pronto para dizer: "Eu também sinto isso, Melissa... É mesmo muito bom estar aqui com você", mas reprimi a frase no mesmo instante. Era uma declaração perigosa, poderia ser interpretada de uma forma errada.

– O que está pensando, Hamilton?
Tornei a me proibir que eu dissesse o que se passava em minha cabeça naquele instante: estou pensando no quanto você é adorável, Melissa... No quanto me faz sentir jovem... rir e me descontrair como nunca fiz com uma mulher... Você é encantadora... simplesmente encantadora.
Estremeci ao perceber que o pensamento reprimido provinha do meu coração que batia acelerado naquele momento. Recuei o corpo e desfiz o abraço.
– O que houve?
A pergunta fora feita num tom suave e encantador. Hipnotizou-me.
– Eu preciso ir – balbuciei.
– Assim tão de repente?
– S-sim... sim... levei trabalho para fazer em casa...
Ela enxugou os olhos e fez uma careta.
– Estou sendo uma companhia desagradável, Hamilton?
Eu, sem pensar, afaguei-lhe os cabelos longos e macios e respondi:
– Não, Melissa. Juro que não! Você é uma ótima companhia. Como sempre um ótima companhia... você me faz muito feliz... ficar ao seu lado me faz...
Calei-me com um berro interior: cala essa boca antes que você diga mais besteiras. Suma daí o quanto antes, seu estúpido. E nunca mais procure essa garota, você está se apaixonando por ela... Ela é de Michael, lembra-se? Ela é de Michael seu meio-irmão, o cara que você mais ama na vida. Corte o mal pela raiz, Hamilton... Agora, vamos!
– Até mais Melissa, adeus.
Saí gaguejando e sem saber ao certo que direção tomar. Eu estava em pânico, puramente em pânico, só de pensar que eu havia me apaixonado por Melissa Broadbent, o que de fato era verdade. A descoberta me arrasou.
Cruzei a rua com tanta rapidez e desespero que por pouco não fui atropelado.
– Perdão, Michael. Mil perdões – dizia eu, baixinho. –

Prometo nunca mais sequer pensar que, por um momento, cheguei a me apaixonar por sua garota. Ela é sua, Michael. Só sua, de mais ninguém. Quis olhar para trás, para ver se Melissa já havia partido e assim fiz. Ela se encontrava no mesmo local, olhando na minha direção com seus olhos lindos cor de mel. Seu rosto revelava certa tensão, pude perceber, ou pensei perceber. Havia um manancial de tristeza, esvaindo-se de seus olhos. Estaria ela se apaixonando por mim como eu me apaixonara por ela?, perguntei-me, aflito. Aquilo tinha de ser evitado, para o bem de todos. O mal tinha de ser cortado pela raiz o quanto antes. Decididamente eu nunca mais veria Melissa, enquanto estivéssemos morando em Londres. Caso me procurasse, eu a evitaria, até mesmo em pensamento eu a repudiaria de mim.

Capítulo 6

Dias depois, eu estava saindo do meu curso quando a encontrei novamente.
– Melissa?!
Fiquei atônito, sem chão.
– O que está fazendo aqui?!
Ela, mirando fundo meus olhos com seus olhos encantadores, perguntou:
– O que está havendo, Hamilton?
Fingi-me de surdo para ganhar tempo para encontrar uma resposta convincente para lhe dar. Tinha de ser boa, Melissa não era do tipo fácil de se enganar, eu bem sabia.
– Eu perguntei – repetiu ela. – O que está havendo?
– Como assim?
Foi uma pergunta idiota, mas necessária, ainda estava em choque pela sua aparição e sem saber o que lhe dizer.
– Você sumiu de uma hora para outra. Não atende aos meus telefonemas. Não responde os recados que deixo para você no flat.
– Ando tão ocupado, Melissa...
– Não sou tola, Hamilton.
– Sei que não é.
– Então me diga a verdade. Por que anda me evitando?
Afrouxei o colarinho e ri, forçado.
– Não estou te evitando, Melissa, eu juro.
– Você está mentindo.
– Juro que não.
– Estávamos nos dando tão bem.
– É verdade, só que...
Mordi os lábios. Ela completou a frase por mim:

— Só que você se apaixonou por mim, não é isso?
O chão sumiu mais uma vez sob os meus pés. Avermelhando-me todo e rindo ainda mais forçado, falei:
— É lógico que não, que ideia...
— Como você é tolo, Hamilton. Pensei que fosse um homem com H maiúsculo, mas vejo que é um qualquer.
Ela me deu as costas e bateu em retirada. Suas palavras me ofenderam sem eu saber ao certo por que. Corri atrás dela e a segurei pelo braço:
— Espere, Melissa.
Ela voltou-se para mim e me encarou fundo novamente com seus olhos encantadores. Quando seus lábios, lindos, levemente rosados pelo batom moveram-se, eu quis loucamente beijá-los. Fechei os olhos, respirei fundo e me segurei.
— Diga, Hamilton. Diga-me a verdade. Só a verdade.
Voltei a encará-la e sugeri:
— Podemos conversar noutro lugar? Aqui não fica bem.
Ela assentiu. Assim partimos para um pub nas proximidades. Foi difícil falar, pôr as palavras certas na minha boca para me expressar, mas eu tinha de fazer, ela me aguardava, silenciosamente, estudando o meu rosto atentamente.
— É tão difícil assim para você?
Engoli em seco.
— É que... — gaguejei e voltei a molhar a boca com uma dose de vodca. Nunca o líquido me fora tão necessário.
Visto que as palavras me fugiam, Melissa com uma guinada súbita de bom humor falou:
— Se você me responder certinho a pergunta que vou lhe fazer agora, não precisará me responder mais nada, combinado?
Minha expressão tornou-se de pura curiosidade.
— Vamos lá. Quem cantava essa canção no clássico da Disney, a Branca de Neve?
Ela cantarolou: "Eu vou, eu vou... Pra casa agora eu vou...".
O desespero se foi e eu, também com bom humor,

71

respondi:
— Quem não sabe? Eram os sete anões quem cantavam essa canção.
Ela, rindo, fez que não com a cabeça.
— Como não?! — exaltei-me. — Era sim!
— Não era, não. A canção era cantada pelos seis anões, afinal, o Dunga era mudo.
Pra que? Ri como há muito não ria. O que serviu definitivamente para quebrar o gelo entre nós dois.
— Essa foi formidável...
— Boa, né? Eu admiro essas sacadas... Como, onde, quando e por quem são criadas as piadas? E como elas passam tão rápido de um para o outro?
— Boa pergunta. Há uma piada que eu gosto muito, sabe? Chama-se a "Vaca verde".
— Conte-me.
— Vou contar. Havia um homem que queria porque queria ter uma vaca verde. Ele então pintou uma para se tornar verde, mas com o tempo e com a chuva ela desbotou. Ele então criou uma fórmula para tornar uma vaca verde. Depois de tudo preparado aplicou com uma seringa no animal. Sabe o que houve?
— Sei. A vaca ficou verde.
— Não. Sumiu.
Melissa arregalou os olhos e reprimiu o riso.
— Acabou?!
— Ahã.
— É só isso?
— Ahã.
Ela riu, com deboche.
— Essa é a pior piada, se é que podemos chamar de piada, que já ouvi em toda a minha vida.
— Aí que está a graça.
— Que graça, hein?
Ela bufou, fingindo-se de indignada.
— Vou contar outra.

– Melhor ou pior do que essa?
– Você me diz depois.
– Vá lá.
– Havia uma mulher que se apaixonou pelo seu cãozinho chamado Lulu. Quando o marido chegou em casa e disse: "Meu bem, vou tomar banho!" a esposa replicou no mesmo instante:
"Agora, não! Quem toma banho primeiro aqui em casa, é o Lulu!".
O marido pacientemente aguardou o cão tomar seu banho. Quando chegou a hora do jantar o marido disse para a esposa:
"Meu bem, quero jantar, estou com fome!"
A esposa numa voz autoritária, respondeu:
"Quem janta primeiro nesta casa é o Lulu!"
O marido bufou, mas acatou a ordem da esposa.
Na hora de dormir, o esposo falou:
"Querida vou indo dormir!"
Ao que a esposa respondeu imediatamente:
"No quarto de hóspedes! Pois quem dorme comigo a partir de hoje é o Lulu."
O marido, enfezado, fez as malas e partiu de casa. Foi direto para a estação de trem para viajar para bem longe da esposa. Ao chegar lá, quem ele encontrou?
Melissa respondeu prontamente:
– O Lulu.
– Não! A vaca verde.
Ri enquanto o cenho de Melissa se contorcia numa máscara de ódio.
– Cruzes, todas as suas piadas, entre aspas, são desse nível? Se forem, coitado do ouvido de quem se dispõe a ouvi-las.
Ri ainda mais. Então novamente nos silenciamos. E acho que tanto quanto ela ficamos prestando atenção à música que tocava ao fundo. Uma antiga, a mais popular do The Police:

73

Every breath you take.
   Foi somente quando a canção terminou que ela rompeu o silêncio:
      – Mas a historinha do Lulu tem muito a nos ensinar, não?
      – O que, por exemplo?
      – Ora. Que os animais têm mesmo o poder de nos fazer apaixonar por eles e muitas vezes preferi-los aos seres humanos.
      – Ah, isso é verdade.
   Na hora não percebi, levou tempo para eu me tocar que Melissa, diante do embaraço que fiquei ao me dizer na lata que eu havia me apaixonado por ela, mudou estrategicamente de assunto para que nos mantivéssemos unidos como fora até então.
   Depois de mais um passeio agradável com Melissa, paramos para lanchar num delicioso restaurante popular da cidade. Um dos mais elogiados por londrinos e turistas. Como era perto do flat, ela se ofereceu para ir comigo até lá, alegando sempre a mesma desculpa de que era muito cedo para voltar para o campus e ficar só.
   Em meio ao bate-papo, ela virou-se para mim, fixou seus olhos nos meus como só ela parecia saber fazer e disse:
      – Lembra-se de quando lhe disse: "A paixão tem muitos níveis. Não precisa ser carnal. Temos paixão pela nossa mãe, por nosso pai, por uma celebridade, um músico, um animal de estimação, um amigo...".
      – Lembro e daí?
      – E daí que eu disse o que disse porque...
      – Por que...
      – Porque sabia que você já estava apaixonado por mim e queria, como ainda quero, abrandar o seu desespero por isso.
   Olhei horrorizado para ela.
      – Se sabia que eu estava... – não consegui completar a frase. – Por que não se afastou de mim?

74

– Porque...
– Você deveria ter me desestimulado a...
– Não! Não e não, Hamilton! Eu o quero tanto quanto você me quer.
Nesse momento ela se posicionou junto a mim e o perfume dos seus cabelos, e o que usava me tirou do sério. Ela percebeu minha excitação e pareceu gostar. Foi mais do que isso. Pareceu amar. Congelamos nessa posição, olhos nos olhos quase sem piscar. Tudo mais se apagou na minha mente, o mundo se resumiu numa simples centelha de vida chamada: Melissa Broadbent. Uma grandiosa centelha de vida. Quando dei por mim seus olhos apalpavam os meus, parecendo em busca de algo que nem mesmo eu sabia existir dentro de mim. Então sua voz de cristal ecoou até meus ouvidos como canto das sereias...
– A paixão e o amor já fizeram as pessoas sofrerem tanto que boa parte da humanidade se empenha em fugir desses sentimentos. Alguns, certamente fazem o contrário.
– Por que está falando isso?
– Por que estou apaixonada e não quero fugir... Quero viver essa paixão. Ainda que seja proibida. Ainda que seja insana, quero vivê-la já, aqui e agora, porque amanhã, amanhã pode ser tarde demais.
Ela pegou a minha mão esquerda e a levou até seu peito na altura do coração e falou, sussurrando:
– Sinta, Hamilton... O meu coração batendo acelerado.
– Estou sentindo, Melissa...
– É por causa de você, Hamilton.
Recuei a mão no mesmo instante e dei um passo para trás. O mundo havia desabado novamente na minha cabeça.
– É tarde demais para voltar atrás, Hamilton – prosseguiu ela, ponderada. – Mesmo que pudéssemos, não queremos, porque é bom amar, estar envolto nessa linda paixão... Essa paixão doentia.
– Linda...

75

Ela suspirou como num êxtase, enquanto eu me desesperei ainda mais.
– Isso não pode estar acontecendo... Não é certo...
– Aconteceu, Hamilton...
– Não é certo.
– O que é certo o que é errado, Hamilton?
– Você é praticamente uma menina...
– E daí?
– E daí que...
Ela me interrompeu, ao se aproximar de mim, ficando na ponta dos pés e me beijando.
Meus olhos se fecharam e meu corpo pareceu se incendiar por inteiro.
– Eu adoro você, Hamilton... simplesmente adoro você...
Sua voz de cristal, transparente e frágil dava a impressão de que suas palavras se partiriam se eu a interrompesse no meio da frase. Por isso a deixei falar, expressar seus sentimentos que no fundo eram os mesmos que os meus.
– Ah, tudo se tornou tão maravilhoso depois que o conheci...
Meu cérebro perturbou-se e a saliva transformou-se em serragem.
– Eu o amo, Hamilton e o mais lindo nisso tudo é que sei que você me ama também.
A frase derrubou as minhas defesas, agarrei-a, prensando fortemente seu corpo contra o meu. Nossos lábios se beijavam ardentemente e corriam pela face até a altura das orelhas, testa, nariz, era como se um quisesse atravessar os poros para alcançar o interior onde a alma se abriga.
Eu a segurei no colo e a levei para a cama onde nos entregamos ao amor sem um pingo de razão, somente dominados pela emoção.

Capítulo 7

Quando as ondas do êxtase finalmente tiveram fim, voltei a ser Hamilton Grant, o racional.
— Deus do céu, o que eu fui fazer? O desespero tomou conta de mim. Saltei da cama e fiquei a ziguezaguear pelo quarto. Rompi num choro convulsivo. Parecia uma criancinha desesperada, que acordara assustada numa madrugada e se vê desamparada dentro de um quarto escuro e friorento.
— Pare de chorar, Hamilton – disse-me Melissa com a maior calma e naturalidade do mundo. Quanto mais ela me pedia, mais lágrimas eu derramava.
— Eu fui um tolo. Um tolo!
— Tenha calma, Hamilton.
Estanquei de súbito os passos e as lágrimas. Voltei-me para ela como uma raio e disse, firmando a voz:
— Nós temos de passar uma borracha nisso tudo, Melissa.
Ela baixou a cabeça, entristecida e eu me arrojei aos seus pés e reforcei meu pedido:
— Ouça-me, por favor. Nós temos de passar uma borracha nisso tudo, Melissa.
— Eu já ouvi, não sou surda!
— Desculpe-me. É o desespero, você sabe. Estou em pânico.
Ela voltou a me encarar com seus olhos lindos e falou com uma calma impressionante:
— Não dá para passar uma borracha porque os sentimentos não se apagam assim.

Suas palavras me assustaram.
- Temos de tentar... Tudo tem de voltar a ser como antes.
- Nada mais poderá voltar a ser como antes, Hamilton.

Meus lábios moveram, mas minha voz falhou. Ela então me proibiu de falar, pondo delicadamente seus dedos longos sobre a minha boca.
- Não diga mais nada, por favor. Vamos guardar para nós esse momento que foi tão especial para mim quanto para você.

Diante dos meus olhos assustados, ela completou:
- Eu sei que foi especial para você, você também sabe, não adianta negar.

Mergulhei as mãos nos meus cabelos e deixei minha cabeça pender. O choro tomou conta de mim, novamente.
- O que está feito, está feito, Hamilton.
- Vou me sentir culpado pelo resto da minha vida. Vou sentir culpa e raiva de mim mesmo por ter me deixado ceder aos meus desejos.

Ela suspirou, chamando minha atenção para ela.
- Não foram só seus, Hamilton. Foram meus também. Se eu não sentisse desejos por você não teria me deitado com você. Fiz o que fiz porque também estou envolvida com você.
- Não diga tolices, Melissa. Seu grande amor é Michael.
- Não, Hamilton, Michael nunca foi o meu grande amor. Era um tanto de amor, sei lá, mas não um grande amor. Com você é diferente, tudo é diferente.

Minha expressão de perplexidade a forçou dizer um pouco mais:
- A princípio, Hamilton, quando o conheci, quando fomos apresentados um ao outro na casa de seu pai, bem, achei você um cara interessante, inteligente e educado. Apenas isso, nada mais. Jamais passou pela minha cabeça que um dia poderíamos viver o que estamos vivendo agora. E olha que os homens mais velhos sempre me chamaram certa atenção,

78

mesmo assim, vi em você apenas o irmão de Michael, nada mais. Então, a vida, o destino, o acaso, sei lá, nos une aqui no exterior e, de repente, entre um passeio e outro, uma conversa e outra, uma gargalhada e outra, começo ver em você a minha alma gêmea. De repente, percebo que tudo em você me atrai. Seus ombros largos, seus braços definidos, suas veias saltadas, seu pomo de adão, sua cor, sua tez, seus cabelos cor de sol, seu olhar tímido, o tom de voz, tudo... Ah, Hamilton... tudo em você me atrai, e também sua idade, quase dez anos mais velho do que eu, um cara mais maduro, mas inteiro, mais homem... Ah, Hamilton, eu quis ser sua, inteiramente sua desde que percebi tudo isso.
— Não diga mais nada Melissa, por favor.
— Digo, sim.
— Você está delirando.
— Estou sendo sincera, Hamilton. Quero que saiba de tudo para que não se sinta tão culpado. Não quero que carregue culpa alguma com você. Nem culpa nem ódio.
— Eu jamais vou me libertar desses dois sentimentos.
— Só lhe resta então sofrer.
O silêncio caiu sobre nós. Um silêncio sepulcral. Nossas respirações estavam tensas. Quando voltei a falar, nem eu mesmo reconheci o timbre da minha voz:
— É melhor não nos vermos mais. Você é do Michael e será dele porque assim tem de ser. Eu voltarei para Edith e toda vez que nos encontramos, fingiremos que nada entre nós aconteceu. Se isso vier à tona será um escândalo, a destruição da minha família que tanto prezo. Meu pai nunca me perdoará por ter estragado a nossa união familiar. Porque vai estragar, Melissa, pode apostar que não vai sobrar pedra sobre pedra se souberem o que fizemos. Michael, Edith e Cássia nunca mais olharão para mim, papai nunca mais poderá me ver junto de todos porque não me permitirão mais entrar naquela casa... Haverá sofrimento para todos, sofrimento e raiva pelo resto de nossas vidas.
— Não sei quem disse, mas repito: o inferno são os outros. É

79

sempre por causa dos outros que a felicidade de muitos, senão da maioria, tem de ser sacrificada. Isso é o que eu mais odeio na vida! Por nenhum momento você pensou em mim nem em você, Hamilton. Já percebeu? Você só está pensando no que os outros sentirão se descobrirem que nos apaixonamos um pelo outro.

– Que transamos! – a corrigi, impostando a minha voz.

– Nos apaixonamos – retrucou ela. – Pare de mentir para você, para qualquer um! Você está tão apaixonado por mim como eu estou por você.

A verdade me doeu fundo, na alma, enfurecido, levantei-me, caminhei até a porta e segurando na maçaneta falei, austero:

– Vá embora, Melissa. Por favor, vá embora!

Ela, chorosa, ajeitou a roupa, os cabelos e atendeu meu pedido. Já estava de saída quando parou, olhou bem para mim e num tom afiado e ameaçador disse:

– Isso não vai terminar assim, Hamilton. Você sabe muito bem que não vai.

Sem mais, partiu.

Fechei a porta, girei duas vezes a chave para garantir que estivesse bem fechada e me joguei na cama. Era como se eu estivesse preso dentro de um pesadelo, querendo desesperadamente acordar e quando conseguia, percebia que estivera o tempo todo preso à realidade.

Depois de me encharcar com vodca, adormeci do jeito que estava. Despertei somente quando as badaladas da meia-noite repicaram no sino de uma catedral que ficava nas proximidades. Antes não tivesse acordado, nunca mais. Não sabia definitivamente como conseguiria encarar Edith nos olhos depois do que acontecera entre mim e Melissa, tampouco como haveria de encarar Michael, meu irmão adorado. Pior seria olhar para Lídia, ela saberia que algo entre nós acontecera, sempre soubera ler meus pensamentos, e faria um estardalhaço com a notícia porque sempre me odiou. Deus meu, em que situação eu me coloquei. Insensato coração, por que me curvei a você?

Desregrado coração!
Foi o perfume, o perfume de Melissa deixado no lençol da cama que me despertou daquele caos emocional. Eu não queria senti-lo, mas algo mais dentro de mim o desejava, entrando pelas minhas narinas e provocando aquela sensação de prazer em todo o meu ser.
Ah, Melissa... Por que fomos nos encontrar aqui em Londres? Por que demos vazão a essa paixão insana, essa paixão sem razão? Por quê? O encontro que fora tão apreciado até mesmo por minha alma, tornara-se um pesadelo. Maldito encontro. Roubara o meu coração, minha respiração e meu sono. Até mesmo o meu direito de sonhar com outras coisas.
Parte de um dos nossos diálogos, voltou a ecoar então em minha mente:
"Se Michael nos visse agora, não acreditaria... Sua namorada, a jovem que ele tanto ama tomando cerveja com seu meio-irmão. Duas pessoas que ele tanto ama unidos por acaso no exterior."
"Não foi por acaso."
Fiz ar de espanto:
"Não?"
"Não! O destino quis assim."
"Você acredita mesmo em destino?"
"Se acredito em alma gêmea..."
Teria mesmo sido o destino que nos unira ali? Se foi, fora muito cruel, pois nossa união só causaria estragos em todos.

Nos dias que se seguiram tudo o que fiz foi tentar apagar a besteira que fiz em nome da carne. A parte do ser humano que não se importa com nada senão realizar seus desejos carnais. Que não respeita nada nem ninguém. Que só pensa em atingir o clímax custe o que custar.
A sensação de culpa chegava a corroer-me por dentro, feito um ácido. Era algo que nunca senti, algo assustador e letárgico. Como um veneno que vai matando aos poucos.

O pior de tudo era perceber que um lado meu ainda pensava em Melissa Broadbent. Desejava-a intensamente e tinha sonhos cada vez mais eróticos com ela. Eróticos e indecentes. Eu já não sabia definir se o que sentia por Melissa era um desejo louco e intenso de possuí-la ou simplesmente uma paixão avassaladora ou puramente amor. Acho que nem Freud conseguiria definir após anos de análise.

Oh, Deus, se arrependimento matasse, eu já estaria morto. É lógico que eu não queria morrer, amava a vida, intensamente e do jeito que era com seus prós e contras. Suas grandezas e podridão. Mas eu queria matar aquele desejo dentro de mim por aquela mulher proibida. Proibida sim, pois era de meu irmão e ele a amava intensamente, eu bem sabia. E por amá-la tanto assim, sofreria horrores se descobrisse que ela o traiu comigo, seu irmão adorado. O cara em quem mais confiava. Seria como se tivesse recebido uma punhalada dupla nas costas por ter sido duplamente traído pelas pessoas em que mais confiava e amava.

Se meu pai soubesse, ele também não me perdoaria, jamais. Edith, muito menos. Oh, Deus, que alguém acima das nuvens me ajudasse a lidar com tudo aquilo agora.

Durante o curso, o professor notou que eu estava desatento.

– Hamilton – perguntou pela terceira vez consecutiva sem que eu me desse conta.

Eu estava avoado, mergulhado nos meus mais profundos tormentos. Tormentas da paixão.

– Hamilton – repetiu ele pela quarta vez, despertando-me do transe.

– Sim?

– Está tudo bem com você?

– S-sim... sim...

– Você me parece tão ausente... Aconteceu alguma coisa?

Avermelhei ao notar que todos os alunos convergiam o olhar para mim. Endireitei o corpo e procurei sorrir, ainda que

não passasse de um sorriso forçado e amarelo.
– Sim, professor, está tudo bem.
– Você entendeu bem a explicação?
– Sim, é claro – menti.
E foi nessa hora que comprovei mais uma vez que mentira tem perna curta.
– Poderia nos fazer um resumo do que ensinei até agora?
A pergunta me amarelou. Engoli em seco, sentindo um gosto amargo como fel. Tive de ser forte para admitir:
– Desculpe, professor, acho que não posso. Estava desligado. Não consegui prestar muita atenção ao que nos ensinou... Acho que não estou num dos meus melhores dias.
– Eu percebi.
– Novamente me desculpe.
– Está desculpado, Hamilton.
Voltei a afundar a cabeça entre os ombros de tamanha vergonha. A paixão proibida conseguira afetar negativamente também o curso que era tão importante para a minha carreira.
Ao término da aula daquele dia, fui direto para a lanchonete tomar um café na esperança de despertar daquele caos emocional, provocado por aquela paixão insensata. Insensata como o meu coração e o de muitos que se deixam ser dominados por ela.
Tomei o café sem açúcar e com muito gosto. Decidido a me reerguer diante de tudo aquilo, respirei fundo, estufei o peito, girei a cabeça de um lado para o outro, tornei a inspirar o ar e expirar lentamente e deixei meu corpo ereto como se fosse o cara mais seguro do mundo.
Então o pior aconteceu. No meio da linda paisagem que cercava as dependências da escola, estava ela, Melissa Broadbent olhando para mim. Não era uma visão provocada pelo desejo e pela saudade, era real.
Ela sorria para mim, timidamente e parecia mais linda do que nunca. Escondi meu rosto entre as mãos, massageei os

83

olhos, como se isso pudesse fazer com que ela desaparecesse, ao reabri-los.
— Não faça tempestade em copo d'água, Hamilton — disse-me ela assim que se achegou a mim.

Eu ainda mantinha as minha mãos por sobre a minha face como um menino assustado que faz de tudo para não ver o que tanto o apavora.

— Vim ver como está passando... Preocupo-me com você.

Sua voz nunca soara tão doce. Quando meus olhos encontraram os seus, senti meu interior pegar fogo.

— Pra que, tudo isso, Hamilton?
— Você sabe por que...
— Não é preciso tanto...
— É preciso, sim.

Tomei ar e esfriei a voz:
— Por que veio?
— Já lhe disse: estava preocupada com você. Quem ama cuida...

Fechei ainda mais o cenho. Olhei ao redor e respondi, procurando controlar a voz:

— Não diga tolices, Melissa.
— Digo, sim. E nada vai me fazer dizer o contrário porque não sou uma mulher de mentiras.
— Eu lhe pedi para se afastar de mim.
— Ninguém manda em mim, Hamilton. Sou que nem o coração, ninguém manda nele, nem a razão. Quando ele se apaixona, se apaixona e ponto final.
— Pense no que Michael vai sentir, ao saber...

Ela me interrompeu bruscamente:
— Você já se perguntou se ele o respeitaria tanto quanto pensa que o faria se estivesse no seu lugar?
— Michael me ama.
— Não tenho dúvida. Mas diante da paixão, dessa paixão que vivemos agora um pelo outro, será que ele se seguraria,

84

deixaria de vivê-la por sua causa, mesmo amando você intensamente como ama? Reflita.
— É uma questão de respeito, Melissa. É quase um pacto entre irmãos. Um pacto que não deve ser desrespeitado. Nunca deveria ter sido desrespeitado.
— Por mais que eu ame alguém, não vou deixar de viver um grande amor, uma grande paixão como a nossa por causa de ninguém, Hamilton. Jamais. Sou uma mulher autêntica e respeito minhas emoções mais do que qualquer outro ser no universo.
— É melhor não nos vermos mais.
— Porque você não aguenta, não é? Não aguenta de desejo por mim. Posso ver em seu olhar a volúpia, consumindo-o por inteiro. O desejo louco de me abraçar e me beijar e me arrastar para o seu quarto no flat onde podemos fazer amor...
— Pare, Melissa, por favor...
— Já ouvira dizer que os homens no fundo são uns fracos, mas pensei que com você seria diferente.
— Ponha-se no meu lugar, Melissa.
— Ponha-se você no meu lugar, Hamilton. Eu o amo, eu o quero mais do que tudo. E vou lutar pelo nosso amor.
— Vá embora, Melissa, por favor.
— Vou, Hamilton, eu vou, mas não antes de dizer algo para você refletir...

Seu tom me assustou. Fez com que eu abrisse os olhos mais intensamente.

— Se estivéssemos numa canoa, somente eu, você e Michael, e a canoa furasse e você só pudesse salvar um de nós, qual de nós você salvaria?

Meus lábios se moveram de surpresa pela questão. Minha expressão tornou-se de espanto e horror ao mesmo tempo. Ela não aguardou pela resposta tampouco se despediu de mim, partiu, silenciosa, estugando os passos. Tive de ser forte para não ir atrás dela e segurá-la e agarrá-la e fazer tudo o que ela havia acabado de ler nos meus olhos. O desejo por aquela jovem de dezessete anos me agoniava, dava-me a impressão

85

de eu estar morrendo de sede em frente ao mar. Deus meu, que situação!
Naquela noite, quando o telefone tocou, eu sabia que era Edith e não quis atender a ligação por medo de que percebesse pela simples insegurança da minha voz o que havia acontecido entre mim e Melissa.
O telefone tocava insistente e cada toque parecia soar com mais força a ponto de fazer minha cabeça latejar. Por fim, atendi:
— Alô. Edith é você? Estava com saudade — adiantei-me.
— Hamilton, isso que é paixão, hein?
Era Michael ao telefone e não Edith como supus.
— Michael... você... que maravilha...
— Olá, meu irmão. Pelo visto já está passando mal de tanta saudade de Edith.
— É... estou sim.
— Eu também estou me sentindo assim com relação a Melissa.
— Melissa...
Minha voz falhou.
— Vocês têm se visto?
Engasguei.
— Hamilton, está tudo bem?
— Deixa eu tomar um gole d'água. Pronto. Engasguei, desculpe-me.
— Você está bem? Pelo visto a saudade de Edith está afetando seus miolos, hein, meu caro?
— Certamente. Como vai o papai, e Cássia e Lídia?
— Todos bem e quando souberam que iria falar com você lhe mandaram lembranças.
— Até mesmo Lídia?
— Bem... com sinceridade, ela não.
— Eu já esperava por isso.
Risos.
— Mas me responda. Você e Melissa têm se visto?
— Não assiduamente, Michael, por quê?

— Porque achei ela um tanto jururu. Meio deprimida, sabe? Fiquei preocupado. Acho que ela está um tanto quanto homesick*.

*Acontece com aqueles que se mudam para outra cidade ou país, por um curto ou longo período, e ficam deprimidos pela saudade que sentem de sua terra natal. (N. do A.)
— Isso acontece com muitos que viajam, você sabe?
— Sim, Hamilton, eu sei. Só quero lhe pedir que vá vê-la, por favor. Se estiver precisando de algo que a ampare. Não quero que ela desista do curso, será muito importante para o seu currículo. Posso contar com você?
— Ando tão ocupado com meu curso que...
— Faço ideia. Mas vê se dá um jeitinho de ir ver Melissa. Que ligue pelo menos para ela.
— Farei isso, Michael. Não se preocupe.
Alegrando o tom, Michael me perguntou:
— E quanto as inglesas, meu irmão? Como são? Bonitas e atraentes?
— Você sabe que eu só tenho olhos para Edith, Michael.
— Sei também que um homem jamais deixa de notar uma mulher atraente mesmo amando uma.
— É verdade — balbuciei, voltando meus pensamentos para Melissa.
— Bom, meu caro. Fico por aqui. Te ligo para saber como anda minha garota, ok?
— Ok. Grande abraço.
Pus o telefone no gancho com a mão trêmula. Jamais pensei que viveria tão aterrorizante situação. As palavras de Michael ditas há pouco voltaram a ecoar em minha mente enquanto as de Melissa ditas naquela tarde se misturavam a elas.
Levou tempo para que eu percebesse que o telefone estava tocando novamente.
— Alô — atendi com voz distante.
— Hamilton?
— Olá, Melissa, como vai?

87

— Melissa?! — estranhou a voz do outro lado da linha seguida de um risinho.
Despertei.
— Edith... É você?!
— Sim, é claro. Quem é Melissa?
— Ah — engasguei — é a namorada de Michael, é que ele acabou de me ligar falando dela e sonolento como estou acabei me confundindo...
Fingi um bocejo.
— Como vai, meu amor?
— Bem e você? Pelo visto, cansado.
— Hoje estou. Há tanta coisa para se pensar, refletir...
— Sobre o curso?
— Oh, sim, sobre o curso...
— Pelo visto ele está sendo muito proveitoso.
— Sem dúvida.
— Que bom que apanhou a oportunidade de fazê-lo!
— Nem diga... — minha voz continuava distante.
— Hamilton, estou morta de saudade.
— Eu também, meu amor. Eu também...
— Nós nunca nos distanciamos assim, não quero nunca mais que isso aconteça, por favor. Promete?
— Prometo.
— Eu o amo muito, não se esqueça disso.
— Eu também a amo muito, Edith.
Desliguei o telefone, sentindo-me a pior pessoa do mundo. O mais calhorda dentre todos.
Despertei de meus pensamentos, ao ouvir novamente o toque do telefone.
— Diga, meu amor — respondi a ligação pensando ser Edith novamente. — Foi bom você ter me ligado.
— Mesmo? — questionou a voz feminina do outro lado da linha.
— Mesmo. Só de ouvir a sua voz sinto a saudade dar uma trégua.
— Que bom!

88

– Boa noite, meu amor.
– Boa noite.
Repus o aparelho no gancho sem me ater à ligação em si. Eu estava esgotado. Mentalmente esgotado. Só fui compreender que fora Melissa Broadbent quem me ligara naquela hora, muito tempo depois.

No dia seguinte, durante a aula, o professor novamente percebeu que eu estava alheio a tudo que se passava ao meu redor. O pedido de Michael se repetia em meu cérebro como um eco. Eu precisava ir ver Melissa para saber como andava. Comecei a recear que estivesse passando mal e que adoecesse por causa disso ou atentasse contra si.

No íntimo eu estava me apegando ao pedido para ter uma boa desculpa para vê-la sem me sentir culpado. Vê-la sem culpa era o que eu mais queria, porque a culpa me massacrava como massacra qualquer um.

– Olá, Melissa.
– Olá, Hamilton.
– Vim ver como está passando. O Michael me ligou e me pediu para vir. Está preocupado com você, te achou meio jururu quando vocês conversaram por telefone.
– E estava mesmo. Por pouco não lhe disse o verdadeiro motivo.

Suas palavras me deixaram alarmado.
– Você não faria isso, não é, Melissa? Pelo amor de Deus...
– Não, Hamilton, eu não faria. Mas por você, porque sei que isso o feriria muito e o faria se voltar contra mim e ter você como meu inimigo é o que menos quero na vida.
– Obrigado.
– De nada, Hamilton.

Ficamos em silêncio. Eu com os olhos voltados para o chão, ela com seus lindos olhos cor de mel me estudando atentamente.
– Já vou indo – disse eu, enfim, voltando a encará-la. –

Cuide-se!
Ela mordeu os lábios e assentiu.
A cada passo que eu dava para mais longe dela sentia o meu coração se apertar. Sentia-me também como um objeto de metal sendo atraído por um imã. Eu não queria voltar a cabeça para trás por sobre o ombro, na direção dela, mas não resisti. Ela continuava lá, iluminada por aquele lindo sol de verão de fim de tarde, olhando-me apaixonadamente.
Suas questões tão perturbadoras voltaram a ecoar na minha mente:
"Você já se perguntou se ele (Michael) o respeitaria tanto quanto pensa que o faria se estivesse no seu lugar?"
"Michael me ama."
"Não tenho dúvida. Mas diante da paixão, dessa paixão que vivemos agora um pelo outro, será que ele (Michael) se seguraria, deixaria de vivê-la por sua causa, mesmo amando você intensamente como ama? Reflita.
"É uma questão de respeito, Melissa. É quase um pacto entre irmãos. Um pacto que não deve ser desrespeitado. Nunca deveria ter sido desrespeitado."
"Pare, Melissa, por favor..."
"Já ouvira dizer que os homens no fundo são uns fracos, mas pensei que com você seria diferente."
"Vá embora, Melissa, por favor."
"Vou, Hamilton, eu vou, mas não antes de dizer algo para você refletir: Se estivéssemos numa canoa, somente eu, você e Michael, e a canoa furasse e você só pudesse salvar um de nós, qual de nós você salvaria?".
E a pergunta ficou ecoando na minha mente: qual de nós você salvaria? Qual de nós você salvaria? Qual de nós você salvaria?
E outra:
"Você já se perguntou se ele (Michael) o respeitaria tanto quanto pensa que o faria se estivesse no seu lugar?"
E mais outra:
"Mas diante da paixão, dessa paixão que vivemos agora

um pelo outro, será que ele (Michael) se seguraria, deixaria de vivê-la por sua causa, mesmo amando você intensamente como ama? Reflita."
Aquilo me era enlouquecedor. Tentei me acalmar e outra pergunta resurgiu com um tiro, uma que ouvi certa vez em algum lugar, não sei quando nem quem exatamente disse:
"É preciso amar como se não houvesse amanhã. Quem garante que você estará vivo no dia seguinte para cumprir suas promessas e pagar suas dividas de amor?"
Isso era mais do que certo, não havia garantia alguma de que eu estaria vivo na manhã seguinte e que eu me casaria mesmo com Edith e que Michael se casaria mesmo com Melissa. Tudo era incerto e deixar de viver pelo incerto era na verdade uma grande estupidez.
Ainda assim me segurei para não voltar até o campus escolar onde Melissa estava hospedada e tomá-la em meus braços e beijá-la intensamente e matá-la de amor.
Mais uma noite em profunda agonia passei. O que era uma doce amizade, uma doce paixão agora beirava o caos.

No dia seguinte, Melissa apareceu no flat, dizendo que tinha tido um sonho mau comigo e ficara preocupada desde então.
– Posso entrar?
– Sim – concordei, querendo dizer "não".
Então ela subitamente começou a rir.
– O que foi?
– Seu jeito me diverte, Hamilton... Às vezes penso que Michael é mais maduro do que você.
– Esse é mais um bom motivo para ficar com ele, Melissa. Você mesma me disse que gosta de homens mais maduros.
Ela simplesmente não me deu ouvidos, apenas riu novamente e escancaradamente.
– O que foi dessa vez?
– Ai... Você acreditou mesmo quando disse que tive um sonho mau com você e fiquei preocupada?

Engoli em seco:
- Você mentiu?
Ela, muito marota, fez que "sim" com a cabeça.
- Você não faria isso... – sibilei.
- A pergunta certa é: por que eu faria isso? – e lançando um olhar furtivo para a porta do quarto, ela completou: – Eu preciso mesmo lhe dar a resposta?
Sua voz, seu sorriso maroto, seus olhos sedutores, tudo, enfim, me fez perder novamente o bom senso e o controle sobre mim mesmo. Em mais um momento de profunda insensatez, agarrei Melissa e a levei para o quarto onde nos amamos outra vez.
Sentir a respiração dela bem perto de mim, misturando-se com a minha... Sentir o mormaço exalado por nossas bocas, sendo interrompido por beijos intensos e molhados era de me levar aos céus, fazer-me atingir imensidões jamais sonhadas. Eu estava perdidamente apaixonado por Melissa e ela por mim e por mais que ecoasse o sentimento de culpa em meu interior, por estar traindo meu irmão e minha namorada, continuei a fazer amor com Melissa, dessa vez e nos dias subsequentes, no flat, onde ela passou a ficar a maior parte do tempo desde então.

Desde então começamos a faltar às aulas por diversas vezes ou as assistíamos pela metade. Nosso foco central passou a ser nós dois, o prazer de estarmos juntos como se cada momento, cada minuto, fosse uma preciosidade que poderia ser nos roubada a qualquer instante.
Nesse período saímos para conhecer o museu de Natural History, um dos maiores museus de Londres com exibições de esqueletos de dinossauros e também espécimes coletados por Darwin; o museu de Londres onde se podem ver artefatos, fotos e objetos de arqueologia sobre a história de Londres e sua população e o museu de Sherlock Holmes capaz de levar o visitante ao passado com amostra de artefatos antigos em uma casa da época de 1881. Passeios fenomenais.
Sim, eu sei que eu disse que tanto eu quanto Melissa

não curtíamos museus, mas depois de estarmos juntos, até mesmo os museus se tornaram interessantes e divertidos. Nesse período fomos também ao aquário e ao zoológico de Londres. Em meio a tanta novidade para distrair meus olhos e meus pensamentos, esqueci-me dos temores em relação a minha união com Melissa.

Foi assim até que meu tempo na Inglaterra chegou ao fim. Com ele, o meu último dia junto de Melissa. O fim de nossa curta e envolvente história de amor. O mais intenso amor que vivi até então, a surpresa mais esquisita que a vida me deu e para Melissa também.

– Adeus, Melissa.
– Por que adeus se ainda vamos nos ver...
– Em outras condições.
– Em outras...
– Condições. É isso mesmo o que você ouviu.

Ela entristeceu e eu também. Foi ela quem rompeu o silêncio que parecia nunca mais ter fim.

– Você faz ideia do que foi para mim o que vivemos?
– Talvez eu faça...
– Você foi o meu primeiro homem... Eu quis ser sua, entende? Foi um desejo mais intenso que já vivi. Mais forte do que tudo.
– Eu sei. Foi mais forte do que eu também, se não tivesse sido, eu não teria permitido que acontecesse.

Silenciamo-nos novamente.

– Nós nos envolvemos na hora errada, no lugar errado... – admiti quase chorando.
– Quem sabe dizer o que é certo ou errado, Hamilton.
– Eu sei sim o que é errado – protestei.
– Um último beijo?
– É melhor não. Preciso ir, o avião me espera.
– Você está ansioso para se vir livre de mim, não?
– Não me compreenda errado, Melissa. Estou apenas querendo dar fim àquilo que jamais deveria ter começado. Quem dera eu pudesse esquecer o que houve entre nós, mas

duvido que eu possa.
— Você tem razão, é melhor você ir. Adeus, Hamilton.
Levei tempo para perceber que ela só concordara comigo para me agradar e poder dar tempo ao tempo para que nos reencontrássemos nos Estados Unidos e me fizesse perceber que eu gostava mesmo era dela.
— Adeus, Melissa.
Ela assentiu lentamente, procurando-me com um sorriso.
— Melissa.
— Sim, Hamilton?
— Michael não pode saber jamais o que houve entre nós. Prometa que...
— Eu já lhe prometi, dez mil vezes.
— Desculpe-me.
Andei novamente em direção à porta e parei.
— Você pretende mesmo terminar tudo com ele?
— Como você mesmo disse há pouco: estou apenas querendo dar fim àquilo que jamais deveria ter começado.
— Mesmo com ele te amando tanto?
— De que vale um só amar numa relação, Hamilton?
As palavras dela me machucaram surpreendentemente. Aquilo só fazia crescer o sentimento de culpa dentro de mim.
— Repense sua decisão, Melissa. Dê a você e Michael mais um tempo, nesse período você pode vir a descobrir que ama Michael e pode ser muito feliz ao seu lado.
— Talvez você tenha razão, Hamilton. Eu deva mesmo dar um tempo maior para Michael e a mim.
Parti do flat, desejando do fundo do meu coração que minha história com Melissa Broadbent terminasse definitivamente ali.

No aeroporto, diante do atraso do avião, desesperei-me, porque o que mais queria era sumir dali, como se o trajeto entre um país e outro pudesse apagar para sempre o que vivi com Melissa Broadbent.

Pela janela do avião relancei os olhos mais uma vez por Londres. Uma cidade atraente e bonita onde eu jamais poderia pôr meus pés ali novamente para não ter de me deparar com as lembranças do que vivi ao lado de Melissa. Que uma mágica se abatesse sobre nós, apagando da história o nosso insensato romance.

"Michael", murmurei. Eu amava Michael, meu irmão adorado... Fui um calhorda com ele, mas eu haveria de remediar a situação de alguma forma. O importante a meu ver é que ele jamais soubesse do desejo insano que me dominou e me fez amar Melissa loucamente naqueles dias de pura paixão e desejo.

Se Michael soubesse, seria uma decepção tamanha comigo, com ela... Eu perderia o seu amor, também o de meu pai, nossa família unida jamais seria unida novamente. Ninguém nunca, jamais poderia saber do meu caso com Melissa. Se eu tivesse de continuar amando-a, que fosse em silêncio. Que eu e ela vivêssemos amando em silêncio.

Capítulo 8

Em solo americano, eu logo colidi com a minha triste realidade. A mulher que me esperava não era mais a mulher com quem meu coração desejava ardentemente se casar. Edith Hall, por mais linda e agradável que fosse, perdera o encanto depois de eu ter conhecido Melissa. Eu não podia mais amaldiçoar o nosso encontro em Londres porque eu, simplesmente, estava amando aquela jovem de apenas 17 primaveras completas.

– Sentiu minha falta, Hamilton? – perguntou-me ela.
– Sua falta?
– Sim, Hamilton.
– Sim, Edith... É claro que sim.

Beijei-a para parecer o mesmo de sempre, esperançoso de que ela nada perceberia a respeito da minha mudança, provocada por aquela insensata e adorável paixão.

Nas semanas que se seguiram, vivi muitas noites sem poder conciliar o sono. A lembrança daquela intimidade, daquele pequeno mundo que eu e Melissa tínhamos compartilhado era boa demais para esquecer.

Um mundo que explodia num êxtase indescritível. Um mundo de alegrias e prazeres que estava fadado ao fim, mesmo antes de começar.

Ainda guardava nos lábios as palavras de amor que lhe dissera naqueles dias de amor, tal como guardava na boca o gosto dos beijos molhados e intensos que trocamos.

O que eu sentia por ela era quase uma adoração. Daquelas de um fã, capaz de fazê-lo pernoitar em frente a um estádio

onde iria se realizar o show do seu cantor ou banda favorita.
Por trás de tudo estava a paixão, percebia eu agora. Onde ela brotasse, haveria sempre flores, a centelha divina permaneceria viva e ativa. Onde não houvesse paixão, só haveria seca e desilusão.
Apesar de adorar Melissa, sentir por ela essa mistura de amor e paixão, loucura e desejo, eu não queria mais vê-la. Se pudesse, nunca mais. Para que o fogo da paixão se apagasse de vez dentro de mim e dentro dela. Eu era de Edith e Melissa era de Michael e assim haveria de ser até o final de nossas vidas.

Desde minha volta aos Estados Unidos procurei de todo jeito evitar a casa de papai para não ter de encarar todos por lá, especialmente, Michael e Lídia.
— Filho — falou meu pai ao telefone. — O que está havendo com você? Ficou quase três meses na Europa, volta e não vem nos ver. O que há?
Menti instantaneamente:
— Muito trabalho, papai, trabalho acumulado.
— Até nos finais de semana?
— S-sim.
— Pois eu exijo que venha me ver. Correção: nos ver! Estamos com saudade. Michael tanto quanto eu.
— Farei o possível...
— Hamilton.
— Sim, papai.
— Fará o impossível.
— Está bem.
Eu tinha de ir, não dava mais para adiar. Mesmo porque hora mais, hora menos, eu teria de aparecer. Que Deus me ajudasse quando esse momento chegasse e que Melissa não estivesse lá na ocasião.
Assim que cheguei a casa, ao me ver, Michael saltou do sofá onde estava esparramado, assistindo ao canal de esportes e veio me abraçar.

— Estava com saudade de você, meu irmão!
Em meio aos seus abraços, quis chorar. De remorso por ter me deixado envolver com a jovem que era sua, por quem ele tinha adoração.
Foi Cássia quem notou que eu estava diferente.
— Eu, diferente?
— É. Está mais bonito. Mais forte. Sua autoestima melhorou — elogiou-me ela.
— Você acha mesmo?
— Sim. Esses meses em Londres lhe fizeram muito bem, Hamilton, pode crer.
— Agora que Cássia mencionou — contribuiu meu pai — percebo que algo realmente mudou em você, Hamilton.
Michael em tom brincalhão, falou:
— Se não amasse Edith como sei que ama, poderia jurar que está com novo amor.
— Ora, Michael, que ideia. Eu amo Edith e vou me casar com ela.
— Talvez o reencontro de vocês, depois dos três meses longe um do outro, reacendeu ou intensificou a paixão de vocês — sugeriu Cássia.
— Pode ser... Sim, Cássia, foi isso mesmo que aconteceu — menti e corei.
Todos riram e Cássia perguntou:
— E esse casamento sai ou não sai?
Tornei a corar.
— Sai sim, logo.
— Não senti firmeza.
— É que ainda preciso me estabilizar financeiramente, Cássia.
Michael pegou no meu antebraço e me puxou para o seu quarto.
— Venha cá, quero te mostrar algo, maninho.
Para minha surpresa era uma foto minha ao lado de Melissa no Picadilly Circus.
— Onde conseguiu isso? — perguntei atônito.

98

– Ora, meu irmão – respondeu-me ele, alegremente – com Melissa! Foi ela quem me mandou junto com outras fotos.
– Ah, sim... é lógico.
Fomos para a cozinha a seguir onde cada um pegou uma cerveja. Depois, lá fora, entornando a bebida, Michael olhou bem para mim, enviesando o cenho e perguntou:
– Você ainda não me falou nada sobre vocês...
– Sobre nós?
– É, Hamilton. Sobre você e Melissa. Como foram as suas aventuras por Londres. Ela me contou que vocês aproveitaram um bocado.
– Ah, sim, é lógico!
– Você está tão disperso.
– Estou mesmo, Michael. Ando tão atarefado. Tão ansioso com o meu trabalho.
– Diga-me, como foi estar com Melissa em Londres? Ela é ou não é uma ótima companhia?
– Melissa é um doce de pessoa. Fomos ao Madame Tussauds, o famoso museu de cera, a estupenda roda-gigante London Eye, ao Palácio de Buckingham, entre outros lugares turísticos. Foram dias muito prazerosos.
– Melhor teria sido se eu estivesse junto.
– Ah, meu irmão, isso com certeza.
Houve uma pausa até eu perguntar:
"E ela como vai? Ela já voltou, não voltou? Ela terminou o curso com êxito? Sei... Estão gostando do terceiro colegial? Já decidiram o que vão cursar na faculdade? Sei...".

Dias depois, diante de todo o meu caos emocional, o pai de Edith veio ter uma conversa séria comigo.
– Está na hora de você se casar com minha filha, Hamilton.
Suas palavras me assustaram.
– Sei que estava esperando terminar a faculdade e depois arranjar um emprego para se manter financeiramente, pois bem, você já se formou e o emprego já tem, agora só resta o

99

casamento.
— Eu quero, sim, me casar...
— Com minha adorável Edith, espero.
— Sim... — tentei manter a voz, mas ela falhou, como a de um garoto nos primeiros anos da adolescência.
— Então fiquem noivos. Que tal esse fim de semana, na minha casa, em meio a um almoço especial? Faça uma surpresa a ela! Prometo que eu e minha esposa nada lhe diremos para não quebrar a surpresa. Pode ser? Não é uma excelente ideia? Aproveitem e já marquem a data do casamento. Não quero demorar para ter netos, Hamilton. Por favor!
Concordei, tentando transparecer naturalidade.
O pai de Edith estava certo, estava mais do que na hora de eu e Edith ficarmos noivos. Já esperara até demais para noivarmos e até mesmo casarmos. Se eu não o fizesse, me sentiria eternamente culpado, afinal, eu a desvirginei com a condição de me casar com ela. Eu tinha de cumprir o que lhe prometi, ainda que meu coração, minha alma, e meus sentidos estivessem presos a Melissa Broadbent, a esperança de vir a desposá-la, uma loucura inconsequente e descabida provocada pela paixão que nos uniu, afinal, ela seria de Michael, casaria-se com ele e tudo voltaria a ser como sempre foi antes do nosso envolvimento em Londres.

Se o desejo e a esperança de ficar com Melissa parassem de latejar dentro de mim feito uma forte dor de cabeça, Deus meu, minha vida não mais seguiria em meio a incertezas e mais incertezas. Por isso eu tinha de lutar, ser mais forte que essa paixão insana, se eu não tomasse uma atitude as coisas só poderiam ficar pior e isso eu não queria. Jamais!

Como havia combinado com o pai de Edith, no sábado seguinte, durante um almoço surpreendentemente farto e elegante, a pedi em noivado e começamos a planejar o nosso casamento. Ela mal cabia em si de felicidade, beijou-me e me abraçou, chorando de emoção, declarando todo o amor que sentia por mim e a felicidade que sentia naquele momento.

Já era praticamente final de outono, meados de dezembro de 2007, quando o inevitável aconteceu. Na próxima ida à casa de meu pai, reencontrei a responsável pelos meus mais turvos anseios. Michael jurou que ela não estaria lá, naquele final de semana, só depois compreendi que fora ela quem disse que não iria, para mudar de ideia na última hora por saber que se eu soubesse que ela estaria lá, eu não teria aparecido. Edith não fora comigo novamente nesta ocasião, por ter compromissos com a família.

Melissa estava sentada na sala sob um raio de luz que descia do lustre da sala. Ao vê-la, estremeci. Tentei aparentar naturalidade mas fui péssimo outra vez. Atuar nunca fora o meu forte. Com um meio sorriso e a cabeça inclinada, ela me cumprimentou:

– Olá, Hamilton.

Um sorriso envergonhado salpicou em meu rosto.

– Olá, Melissa. Como vai?

Sua voz ainda me levava à glória o que provava que o poder dela sobre a minha pessoa ainda era muito forte, sinal de que meus sentimentos por ela eram ainda gritantes. Digo, sem exagero, que ela me inspirava uma visão celestial.

– Não esperava encontrá-la aqui – admiti, bobo.

– Eu não vinha mesmo, mudei de ideia na última hora.

– Sei...

– Como tem passado?

– Bem... muito bem e você?

– Bem também na medida do possível.

– Que bom!

– Quais são as novidades?

– Voltei para o meu serviço, tenho me dedicado a ele um bocado. Nada além disso.

Nisso Michael se juntou a nós.

– Ah, vocês já se encontraram, que bom!

Michael se jogou no sofá ao lado de Melissa e a enlaçou. Quis evitar a cena, por isso desviei o olhar e a atenção para

101

outra coisa, uma bobagem qualquer da sala.
— Hamilton já lhe contou a grande novidade?
— Novidade?! Acho que não. Faltou-lhe coragem.
Rindo das palavras da namorada, Michael explicou, empolgado:
— Ele está prestes a marcar a data de casamento com Edith.
Melissa não deu sequer um sinal de espanto.
— Jura?! Que bom! Edith é uma mulher de sorte.
— Ah, Melissa, eu queria tanto me casar no mesmo dia que eles. Seria para mim uma grande honra.
— Ainda é muito cedo para nos casar, Michael. Temos primeiramente de terminar a faculdade e arranjar um bom emprego.
— Você tem razão, Melissa.
Nisso, Cássia chamou pelo filho:
— Michael, honey, você pode me dar uma mãozinha aqui?
— É pra já, mama.
Assim que ele se foi, Melissa voltou a focar seus olhos em mim.
— Pensei que mudaria de ideia quanto a nós.
Suas palavras me alarmaram.
— Fale baixo, por favor.
— Estou falando. É na sua cabeça perturbada que minha voz está soando alto.
— Desculpe.
— Então é isso mesmo que você quer para nós?
— Eu quero o que é mais sensato, Melissa.
Ela saltou do sofá num pulo, parou bem diante de mim, face a face, e falou com todas as letras:
— E eu quero somente o que é paixão, Hamilton.
Girando o pescoço ao redor, falei, aflito:
— Fale baixo, pelo amor de Deus, se alguém nos ouve...
Nisso ouvimos murmúrio de vozes, chegando à porta, foi o tempo exato para eu me afastar de Melissa e Lídia entrou

com Jason, seu namorado que entrava calado nos lugares e saía mudo.
— Filha! — exclamou Cássia, correndo até a porta. — Que bom que chegou!
— Olá, mamãe, como vai?
As duas se abraçaram fortemente e depois, Lídia e Jason, o calado namorado dela, cumprimentaram todos. A mim, como sempre, Lídia tratou com a mesma frieza:
— Olá, Hamilton, como vai?
Seu tom, além de frio era ríspido. Eu, como sempre, tentei ser amável.
— Olá, Lídia. Bom revê-la.
Ela não disse, mas pude ler em seus olhos "Quem me dera dizer o mesmo!".
Conversas se misturaram a risos, piadas, éramos novamente uma família norte-americana feliz por se encontrar e tornar o dia especial.
Uma hora depois o almoço era servido. Ao me ver, sorvendo a sopa em silêncio, Lídia voltou os olhos para mim, cismada com a minha introspecção.
Michael, também me estranhado, disse, com um sorriso leve, fugindo dos lábios:
— Hamilton está tão calado hoje, o que houve?
Não soube o que responder. Apenas levantei os olhos, como se procurasse algo no ar e sorri.
A refeição transcorreu animada enquanto eu e Melissa trocávamos olhares silenciosos. Eu queria evitar essa colisão, mas não conseguia, havia uma força, me atraindo para os seus olhos cor de mel, doces como o próprio mel.
Ao final, ajudamos as mulheres a retirarem os pratos e colocá-los no lava louça.

Ao voltar à sala, sentei-me na poltrona grande de meu pai. Logo todos se reuniram ali. Melissa estava linda, estupidamente linda. O vento da rua ondulava as cortinas, o que fez com que Michael sugerisse:

– Que tal se formos patinar à tarde?
– Patinar?! Ótima ideia! – entusiasmou-se Jason para espanto de todos nós, afinal, ele pouco dava o ar de sua graça.
– Eu não me sinto disposto a ir – falei rápido para me esquivar de um confronto com a realidade que tanto me feria a carne.
– Ah, Hamilton, o que é isso? – protestou Michael. – Ficou velho de repente, foi? Você vai, sim!
Todos começaram a gritar, em uníssono:
– Vai, sim! Vai, sim!
Michael agarrou-me por trás como faz um lutador de UFC e me intimidou:
– Você vai, sim, meu chapa!
– Está bem... eu vou, agora me solte, antes que me quebre!
Michael atendeu meu pedido e, num movimento rápido, descabelou-me com suas mãos ligeiras sobre a minha cabeça. Todos riram. Melissa, um riso quase silencioso. A única que encarou tudo aquilo com seriedade foi Lídia.
À tarde, como combinado, fomos patinar no rio congelado nas proximidades da cidade. Havia um bocado de pessoas por lá e também muitas placas de aviso "Cuidado, gelo fino nesta área". É que o gelo em certas partes do rio era menos espesso do que em outras, especialmente no meio, o que era um perigo, pois o peso de um patinador poderia fazer o gelo trincar e a pessoa afundar naquela água absurdamente fria.
Michael patinava de mãos dadas com Melissa, era uma cena bonita de se ver, pois formavam um belo casal. Não sei a que horas, quando exatamente, os dois se desprenderam um do outro e Melissa se aventurou por regiões mais perigosas do local.
Quando dei por mim, ela estava patinando longe de nós e pressenti que algo de ruim iria lhe acontecer. Dito e feito. O gelo trincou e ela parou no meio daquilo tudo.
– Melissa! – berrei, seguindo na sua direção.

O meu berro chamou a atenção de todos.
Ao me aproximar dela, estendi-lhe o galho seco que encontrara nas proximidades e levara comigo. Então, falei:
– Venha, por favor, com cuidado.
Ela hesitou.
– Saia daqui, Hamilton antes que o gelo parta de vez e nós dois afundemos nesta água gelada.
– Venha, por favor – insisti, desesperando-me.
Ao perceber que Michael se aproximava, fiz sinal para ele parar. Mais um ali e o gelo se partiria totalmente.
– Melissa... – balbuciou Michael em pânico, receoso de perder aquilo que mais apreciava na vida: a mulher amada.
– Venha, Melissa, devagarzinho – insisti, amaciando a voz.
Ela olhou para a minha mão estendida na sua direção e depois para os meus olhos avermelhados de desespero.
– Venha, Melissa – reforcei o pedido.
Ela então se moveu, calmamente como eu a aconselhava. Passo a passo até tocar a ponta do galho esticado na sua direção. Pude notar que sua mão estava trêmula quando o pegou.
– Segure firme, por favor.
Sem tirar os olhos dos meus, ela assentiu. Assim eu pude puxá-la para longe daquela superfície perigosa. Quando alcancei sua mão, entrelacei a minha na dela e a puxei para junto de mim. Assim que se aproximou, Melissa agarrou-se a mim, abraçando-me forte e ternamente. Diante do que enfrentamos, não pude evitar de retribuir o abraço.
– Está tudo bem, agora, Melissa. Tudo bem.
Só então a puxei para longe dali e quando achegamos a Michael, ele nos abraçou e então passei Melissa para os seus braços.
– Obrigado, meu irmão. Obrigado pelo que fez – agradeceu-me, emocionado.
– Fiz apenas a minha obrigação, Michael.
Eu seguia para junto dos demais quando avistei Lídia,

105

olhando com ar de suspeita para mim. Havia mais do que suspeita em seu olhar, havia uma certeza, era como se ela soubesse de tudo que se passara entre mim e Melissa em Londres.

Depois do jantar, aquela noite, levantei e refugiei-me em meu quarto. Precisava ficar só. No escuro, apegado à esperança de me libertar daquele pesadelo que me devastava o coração.

Eu não tinha sono nem vontade de persegui-lo. Mas era preciso dormir para escapar daquilo que tanto afligia minha alma.

Aproximei-me da janela e me debrucei, até ver a lua crescente que derramava sua luz prateada sobre a cidade. Mexi o gelo do copo com uísque e entornei a bebida na esperança de me embebedar para cair na cama e apagar.

Infelizmente, até nos sonhos Melissa se fazia presente. E o pior de tudo, me fazia contente e feliz como fez, ao vivermos todas aquelas emoções em meios aos lençóis macios da minha cama de casal no flat.

No dia seguinte, fui o primeiro a despertar. Por ter dormido cedo, acordei com as galinhas como se diz no interior. Tomava o café que havia eu mesmo preparado na cafeteira, juntamente com deliciosas panquecas descongeladas na torradeira, quando Lídia pareceu.

– Bom dia – saudei-a, procurando me fazer simpático como sempre. – Tem café na cafeteira. Está muito bom.

Seu jeito de me encarar me assustou. Procurei fugir do seu olhar e para quebrar o clima, desembestei a falar. Quando cansei, voltei a encará-la e seu olhar perscrutador me fez baixar a cabeça, sem graça. Foi então que ela disse o que eu menos queria ouvir em toda a minha vida:

– Você a seduziu, não?

O horror se estampou na minha face no mesmo instante. Tentei me fazer de bobo, o perfeito Dunga.

– Do que está falando, Lídia?

– Não se faça de sonso, Hamilton. Eu já saquei tudo.
– Continuo não entendendo aonde você quer chegar.
– Estou falando de você e Melissa... Em Londres...
– Ah!...
– Não seja cínico.
Ela me estudou mais atentamente enquanto eu queria simplesmente fugir dali.
– Como pôde Hamilton? Como pôde fazer isso com Michael?
– Eu não fiz nada, Lídia! Isso é coisa da sua imaginação.
– Gostaria mesmo que fosse.
– Pois é. Acredite-me!
– Você mente muito mal. Sempre foi péssimo, ao mentir.
Engoli em seco.
– Passou pela minha cabeça que você e ela pudessem ter tido alguma coisa enquanto juntos em Londres, mas eu não quis acreditar. Era sórdido demais para ser verdade. Mas então, depois do que vi ontem à tarde...
– O que foi que você viu que a fez pensar que eu e Melissa pudéssemos ter...
– Você ficou em pânico, ao ver que o gelo por onde ela patinava poderia partir-se.
– Lógico que fiquei, ela é um ser humano. Qualquer um ficaria.
Ela me encarou em silêncio por quase três minutos, só então falou:
– Deus queira que nada mesmo tenha acontecido entre você e ela. Michael não suportaria algo desse tipo.
– Pode ficar tranquila, Lídia. Quanto a isso você pode ficar tranquila.
– Acho bom, mesmo. Não quero ver Michael decepcionado. Ele sofreria muito e o que eu menos quero, é vê-lo sofrer.
– Eu também não quero vê-lo sofrer, eu o amo. É meu irmão adorado, você sabe.
– Tudo o que sei é que não vou com a sua cara, Hamilton. Nunca fui!

– Eu sei. Você nunca fez segredo disso.
– Para mim você não é de confiança. E eu raramente me engano com relação à índole das pessoas.
– Pois comigo você se enganou.
– Será mesmo, Hamilton? Será mesmo? O tempo dirá.

Sem mais, ela me deixou sozinho, entregue ao redemoinho de pensamentos confusos que assolavam minha paz.

Naquela noite as coisas pioraram para mim. Depois do jantar nos reunimos na sala, como de hábito e Lídia, perversa como nunca, sugeriu:

– Agora Hamilton e Melissa vão nos contar tudo o que fizeram juntos por Londres.

A sugestão me deixou alarmado.

– Isso mesmo! – empolgou-se Michael.

Corei.

– Nem pensar.

– Vai, sim – ajudou meu pai, gostando mesmo da ideia.

Eu e Melissa nos olhamos enquanto minha garganta secou tal e qual meus lábios.

– Foram dias muito agradáveis – começou Melissa, tentando contemporizar a situação.

A narrativa tornou-se tão agradável que, de repente, eu me sentia solto tal e qual Melissa, desfrutando do prazer de contar a todos o que vivemos de bom em solo londrino.

Obviamente que omitimos tudo em relação a nossa louca, imprópria e deliciosa história de amor. O mais chocante para mim foi perceber que havia me esquecido de Edith totalmente, naquele final de semana, e que meu desejo por Melissa ainda pulsava forte dentro de mim, ainda que pudesse ferir todos que eu tanto amava. "O que os olhos não veem, o coração não sente", era o ditado que eu deveria seguir à risca dali em diante.

Melhor, deveria me casar com Edith o mais rápido possível, para dar fim a qualquer esperança de ficar com Melissa e ser feliz ao seu lado. Casando-me com Edith, morando longe da casa de meu pai, visitando todos ali, esporadicamente, eu conseguiria dar fim a essa loucura de uma vez por todas.

Já era madrugada e eu fora o único a ficar na sala de TV, pulando de canal em canal com o controle remoto, na esperança de distrair minha inquietude e insegurança que tanto perturbavam a minha paz.

Um pequeno ruído despertou minha atenção, fazendo-me olhar para o lado e ao ver Melissa parada ali, estremeci.

– Melissa... você! – foi um choque para mim vê-la ali, àquela hora, como uma deusa.

Tudo mais que eu poderia dizer, perdeu-se dentro de mim. Ela, então, falou, sussurrante:

– Não suporto mais viver essa mentira, Hamilton.

Não havia raiva em sua voz, nem mesmo censura, só cansaço. Quanto a mim, baixei o olhar para o chão, limitando-me a ouvir seu desabafo em silêncio.

– Largue tudo, Hamilton, por nós! Só por nós!

Ainda com meus olhos presos no assoalho, respondi:

– Você sabe que eu não posso.

– Vai massacrar o que sente por mim?

– Vou e por uma boa causa.

– Você acha que eu ainda estou com o Michael, por quê? Só para ter a chance de revê-lo, de poder me encontrar com você aqui, matar a saudade, permitir que conviva mais tempo comigo e note, se é que ainda não notou, eu me derramando de amor e desejos por você.

– Pare Melissa, por favor!

– Você me quer como eu o quero, Hamilton.

– Por favor.

– Termine seu noivado o mais rápido possível, antes que convites de casamento sejam entregues.

Suspirei.

– Pense nisso, Hamilton. Por favor.

Voltei a suspirar e o silêncio foi tudo o que restou entre nós a seguir, por quase cinco minutos.

– Obrigada – agradeceu-me ela então. – Por ter me

salvado.
— Ah... De nada. Só de pensar no que pudesse ter lhe acontecido...
— Obrigada.
Assenti, sentindo meus olhos marejarem.
— Boa noite.
Levei quase um minuto para desejar-lhe o mesmo. Ela então me largou sozinho e subiu para o seu quarto. Estava atarantado, confuso, cheio de pensamentos revirados como se um furacão estivesse dentro de mim, revirando tudo.
Foi aterrorizante perceber que um dos pensamentos vibrava mais do que os demais: o de ir atrás de Melissa, puxá-la de volta à sala e amá-la ali mesmo, sob qualquer circunstância e risco.

Na manhã do dia seguinte, ao contrário da manhã do dia anterior, fui eu quem encontrou Lídia na cozinha, tomando café. Ela, como sempre, não me recebeu com simpatia por mais que eu tentasse ser simpático com ela.
De repente, lançou-me uma frase como um arqueiro que lança uma flecha no alvo certo, para matar, não apenas ferir.
— Não consigo parar de pensar em você e Melissa, Hamilton.
— Ora, Lídia, você com essa história outra vez.
— Penso em você, seduzindo Melissa na Inglaterra...
— Isso nunca aconteceu, Lídia, por favor!
— Tenho apenas a sua palavra contra a minha.
Procurei me controlar, expelindo a raiva e a aflição que se impregnara em meus pulmões.
— Talvez a culpa tenha sido dela! Ao saber de sua ida para a Inglaterra, decidiu ir atrás de você para poder seduzi-lo. Porque se interessara por você desde que o conheceu. Sua alma deve ser do mesmo tipo canalha como a sua.
— Lídia, por favor...
— Você afirma que nada entre vocês dois aconteceu, eu tento, juro que tento acreditar, mas não consigo.

Sem mais ela me deixou sozinho na cozinha. Restavam agora eu, o café fumegante e uma cisma. As palavras de Lídia ecoavam repetidamente em minha mente: "Talvez, a culpa tenha sido dela! Ao saber de sua ida para a Inglaterra, decidiu ir atrás de você para poder seduzi-lo. Porque se interessara por você desde que o conheceu. Sua alma deve ser do mesmo tipo canalha como a sua."

Assim que tive a oportunidade, decidi tirar aquilo a limpo.
— Melissa, preciso que me responda algo muito sério.
— O que foi? Assim você está me assustando.
— Sua ida à Inglaterra...
— Diga.
— Ela foi programada após você saber da minha ida para lá ou...
— Já havia programado tudo antes, bem antes de saber que você iria para lá, Hamilton. Foi uma coincidência quando soube. Fiquei surpresa tanto quanto você.
— Foi o que pensei.
— Se pensou, por que me perguntou?
— Porque Lídia acredita que eu ou você forçamos o nosso encontro pelo propósito da sedução.
— Ela lhe disse isso?!
— Com todas as letras.
— Lídia realmente é um espanto.
Ela deve ter percebido meu olhar assustado e a crescente angústia que me devorava por dentro.
— Foi a vida, Hamilton. A vida quem quis nos unir.
— Eu sei... Eu sinto isso também. Assim me sinto menos culpado por tudo o que aconteceu.
— Eu jamais me senti culpada por isso. Enxergo tudo o que houve entre nós como algo mágico e maravilhoso. Algo de que não devemos nos envergonhar jamais, entende?
— Acho que sim... Acho não! Tenho a certeza.
Foi a voz de Michael que nos trouxe de volta à realidade.

111

Assim que o vimos, vindo em nossa direção, eu e Melissa trocamos olhares de pavor.

— E aí, meus queridos...

Procuramos sorrir naturalmente e eu, para quebrar qualquer constrangimento que pudesse surgir, falei, empolgando a voz:

— Comprei um CD...
— Um CD, Michael? — espantou-se Melissa. — Ninguém mais compra CD nos dias de hoje. Baixa-se tudo da internet.
— Sorry, mas eu sou dos antigos. Old fashioned, you know! Para mim não tem graça baixar música da internet. Gosto de ter mesmo o CD em minhas mãos, com o encarte com as letras.

Guiei-os até a sala onde ficava o aparelho de som e pus o tal CD para ouvirmos. Foi uma total tolice da minha parte, porque todas as letras me remetiam ao que vivera e ainda vivia com Melissa Broadbent. Em especial a que se chamava "Jardim secreto".

You are my secret garden, where I plant my favorite thoughts
You are my secret garden, where I'm blessed by nature gods
Where I sleep, where I dream, where I play
like a child feeling free and bold
Where I read, where I sing, the universe I really belong
Where I fall in love with you, and you fall in love with me
We never feel blue, only happy...
Where my tears become rain, and this rain washes my soul
My sorrow and my ego... Where I read my favorite story
The old Super Friends glory, my best bed time story
You are my secret garden, You're my sanctuary, You're my monastery

*Tradução ao pé da letra da canção *Secret Garden*.

Você é o meu jardim secreto, onde planto meus pensamentos favoritos...

Você é o meu jardim secreto, onde sou abençoado pelos deuses da natureza.

Onde eu durmo, onde eu sonho, onde brinco como uma criança que se sente livre e corajosa.

Onde eu leio, onde eu canto, o universo a que realmente pertenço. Onde eu me apaixono por você e você se apaixona por mim.

E nunca nos sentimos tristes, somente felizes. Onde minhas lágrimas se tornam chuva e essa chuva lava a minha alma, minha amargura e meu ego. Onde leio minha história favorita, a velha gloria dos Super Amigos, minha melhor historinha de ninar. Você é o meu jardim secreto... Você é o meu santuário...Você é o meu monastério.

Quando meus olhos colidiam com os de Melissa, eu percebi de imediato que ela estava pensando o mesmo que eu: o quanto a letra da canção tinha a ver com os nossos sentimentos um pelo outro.

Assim que voltei para Turtle River vivi novamente o martírio de me deparar com meus anseios e desejos loucos por Melissa. A dificuldade para dormir persistiu, fazendo-me passar mais uma noite em claro. Aos primeiros raios do sol, cansado de lutar, uma luta que mais parecia dar murro em ponta de faca, levantei-me e fui para o trabalho, só mesmo ocupando a minha mente é que poderia me esquecer da jovem que passara a dominar meu coração.

Recordava-me com dolorosa clareza de todas as coisas que amava nela: o timbre de sua voz, o tom de mel de seus olhos lindos, a textura de sua pele rosada. Sofria, desejando passar nem que fosse alguns breves minutos ao seu lado.

Melissa nunca saía de meu pensamento, por mais que me esforçasse para esquecê-la. A saudade era tanta que em alguns momentos desejava estar morto. Por quanto tempo conseguiria continuar vivendo com uma mulher e amando outra, eu não sei...

Para evitar novos encontros e novos constrangimentos, decidi passar as boas festas com a família de Edith, seria melhor e mais adequado agora que éramos noivos e, em breve, casaríamos.

Assim passei a virada do ano de 2007 para 2008.

No dia do aniversário de Melissa, pensei em ligar para ela, mas algo foi mais forte do que eu. Num impulso, peguei

113

um avião para Seattle para fazer-lhe uma surpresa. Se tive medo de que meu pai, minha mãe, Cássia, Lídia, Michael e até mesmo Jason, me vissem ali, por acaso, afinal, era a mesma cidade onde residiam todos, tive, ainda assim decidi correr o risco. Se me questionassem o que eu havia ido fazer ali sem contar nada a ninguém, diria estar a trabalho.

Do aeroporto peguei um táxi até a casa dela para lhe fazer uma surpresa. Aguardei que ela chegasse da faculdade, sentado num banco nas proximidades. Ela ia entrando na sua casa quando cheguei correndo a tempo de surpreendê-la.

– Melissa!

Ela virou-se para trás devagarzinho com seu rosto lindo.

– Hamilton?!

– Parabéns.

Ela sorriu.

– Esta é a surpresa mais feliz da minha vida.

Dei um passo à frente e repeti:

– Dezoito anos, hein? Que maravilha, não?

– E você faz parte da minha história.

Eu queria beijar aquela garota, levá-la para um lugar onde só existíssemos nós dois, ninguém nem nada mais e foi o que eu fiz. Pegamos um táxi e seguimos para um motel. Ambos transbordávamos de desejos intensos.

Depois do êxtase, muito depois, ela deitou seu rosto sobre o meu peito e comentou no seu timbre de voz adorável:

– Nós somos loucos um pelo outro, poucos amam como nós, a ponto de querer que o mundo acabe em barranco ou que se exploda. Nada merece mais atenção do que nós dois.

Ela suspirou e completou:

– Fique comigo, Hamilton. Fique comigo, é tudo o que lhe peço.

De repente, aquilo se tornou o que eu mais queria na vida. Até mais que o ar ou qualquer ambição financeira.

– É o que eu mais quero ouvir de você, Hamilton. "Fica comigo!".

– Eu preciso refletir mais um pouco...

– Não, você não precisa e sabe bem disso. O seu coração já decidiu, eu sei, eu sinto: é comigo que quer ficar.

Sorri.

– É ou não é, Hamilton?
– É, Melissa. Como sempre, você tem razão. Ainda assim...
– Ainda assim...
– Precisamos ir devagar. Dar tempo ao tempo. Só assim, talvez, quem sabe, ficaremos juntos sem ferir ninguém.
– Juntos...
– Sim, juntos, Melissa.
– E para sempre.
– E para sempre.
– Quer dizer então que você está finalmente disposto a lutar pelo nosso amor?
– Sim, Melissa, estou. Não vou suportar viver, amando em silêncio. Amando você em silêncio.

Minhas palavras fizeram-na suspirar, feliz.

– Eu sabia que você no íntimo era sensato, Hamilton. Eu sabia.

Eu, então, beijei-a novamente e a abracei, repetindo toda a alegria vivida há pouco.

Capítulo 9

Na semana seguinte, lá estava eu novamente no motel para reencontrar a jovem que eu tanto adorava. Dessa vez, ela já estava no local, aguardando por minha chegada. Fiquei sem fôlego depois de subir os lances de escada, saltando de dois em dois, mas todo esforço foi recompensado, ao abraçar minha adorada e beijá-la fervorosamente.

Nossos encontros nunca mais deixaram de acontecer nas semanas que se seguiram. Pelo menos uma vez na semana, duas, com muita sorte, nos encontrávamos. Se eram dispendiosos esses encontros? Sim, eram, ainda mais para um profissional em início de carreira, mas nada me importava mais do que ter Melissa em meus braços.

Quando menos esperávamos, o sol alto na minha chegada, tinha-se posto. Ao crepúsculo acendíamos apenas a luz do abajur para não perder o clima romântico, pairando no ar. Pedíamos então algo para comer ali mesmo no quarto, saboreando sempre com um vinho excelente, absortos um no outro, rindo e conversando.

O relógio já marcava vinte e duas horas quando, mais uma vez, nosso idílio teve de acabar. Não sei como o tempo podia passar tão rápido ao lado de Melissa. As mesmas que pareciam durar uma eternidade quando longe dela.

Apoiada num cotovelo, ela levantou-se da cama em que estávamos deitados e quando voltou a me olhar, quis puxá-la de novo para cima de mim e recomeçar nossa jornada de prazer.

Seu rosto relaxou num sorriso largo e ela me disse:

– É tão dolorido para mim ter de me distanciar de você...
– Confesso que também tem sido para mim, Melissa.
– Será assim até quando, Hamilton?
– Até...
– Sim, Hamilton, até quando?
Eu não soube responder, não mesmo, apesar de querer muito. Ela mais uma vez pareceu aceitar minha insegurança quanto ao nosso destino. Teria, de fato?
Minha vida cotidiana foi se tornando cada dia mais insuportável. Viver mentindo para meu irmão amado, para minha família, para Edith e a família dela, até mesmo para meus amigos, era desleal, até mesmo para comigo.
Ter de viver também lutando diariamente contra a saudade que sentia de Melissa e a percepção de que nada podia estancar essa saudade, só servia para agravar a situação. Pior era o medo de eu ser pego com Melissa, por um de meus familiares e conhecidos, entrando ou saindo do motel onde nos encontrávamos.
Tomei, então, uma decisão: dar fim a meu romance secreto com Melissa. Expor a verdade a todos da melhor forma possível, doesse a quem doesse. Michael não merecia continuar sendo enganado, nem ele, nem Edith. Ambos tinham de ficar livres para um novo amor, um sincero e recíproco.
– Finalmente você tomou uma decisão, Hamilton – alegrou-se Melissa assim que falei com ela.
– Sim, Melissa. É o certo. Não podemos mais viver assim, nem fazer os outros de bobo. Não é certo.
– Muito bem. A verdade liberta, sabia?
– É?
– Nunca ouviu falar?
– Sinceramente, não.
O combinado foi que Melissa terminaria com Michael e eu com Edith, tempos depois, para não dar tão na cara.
– Você vai se sentir muito melhor agora, Hamilton – continuou Melissa, olhando-me apaixonadamente como

117

sempre. – Você vai ver. E não se sinta mais culpado por me amar mais do que a Edith, por eu ter sido de Michael... Penso que se não fosse para ser, não teríamos nos apaixonado um pelo outro.
– Tampouco a vida teria nos unido, não é mesmo?
– Sim, Hamilton. O destino quis assim e ninguém pode desviar o destino.
– Entretanto, me preocupo com a Lídia... Ela está muito desconfiada... Vai somar dois e dois e... Oh, Deus, ela vai me odiar e me recriminar por fazer Michael sofrer pelo resto da vida. Vai, sim!
– Pense também em você, Hamilton. Até agora não o vi pensar em você, na sua felicidade, no que quer para si. Só vejo um homem, sacrificando seus sentimentos para evitar que os outros sofram.
Suas palavras me surpreenderam mais uma vez.
– Vejo também um homem que se esquece de pensar em nós dois. Em mim e em você, juntos, na nossa felicidade.
Suspirei e antes de nos despedirmos, ela me lembrou mais uma vez que a verdade liberta.
E ela estava certa, minha mudança foi radical, todos perceberam no trabalho. Eu passei a falar com mais otimismo e alegria, não era mais um homem, procurando carregar o mundo nas costas.

Quando eu passei a representar a firma que eu já trabalhava numa coligada a nossa, em Seattle, fiquei feliz, pois meus encontros com Melissa poderiam acontecer com mais assiduidade e menos gastos. Logicamente que podia também dar mais atenção a minha mãe, meu pai e Michael que era tão ligado comigo.
Um dia, quando eu estava prestes a entrar numa reunião com clientes vindos de fora, Michael apareceu na porta do escritório com aspecto cansado e tristonho. Lançou-me um olhar de pânico que me desmoronou.
– Michael, o que houve?

– Os exames de rotina – respondeu ele, com voz distante.

Só então notei o envelope preso entre seus dedos da mão direita. Entreolhamo-nos, atônitos.

– É grave, Hamilton. O médico me disse que é grave. Exigi que ele me dissesse a verdade, nada além da verdade. É meu direito saber.

Sua voz era um sussurro arrastado.

– Só um transplante de medula óssea pode me salvar. Ainda assim não é cem por cento garantido que eu sobreviva.

Eu que nada sabia sobre a doença, perguntei:

– Onde pode conseguir um transplante?

– Segundo os médicos, a possibilidade maior é encontrar um doador entre os irmãos. Como se trata de herança genética, a chance de ser compatível é de 25% por irmão. Portanto, quanto mais irmãos houver, maior a probabilidade de um encontrar um doador nesse grupo familiar.

– Você quer dizer que eu ou a Lídia podemos ser os doadores?

– Sim. Pensei a princípio no papai ou na mamãe, mas segundo os médicos, eles são o que se chama de haploidênticos, pois têm apenas metade da informação genética do filho e, por isso, não podem.

A chance de encontrar alguém para doar, em toda a nossa família, refiro-me a primos e parentes, um deles que seja totalmente compatível é de 7% a 10%, ou seja, entre irmãos a possibilidade de um doador é muito maior.

Abracei Michael para que ele não visse as lágrimas de pânico que rolavam pela minha face. Eu estava desesperado. Sentindo-me péssimo por ver meu irmão adorado naquela condição e por ter ousado pensar em ficar com a jovem que ele tanto amava.

Tive a impressão de que meus pés afundavam no chão ou de que meu esqueleto encolhia alguns centímetros.

Engoli uma saliva amarga. A hipótese de ver Michael morto era inaceitável para mim. Eu seria capaz de dar a minha vida

119

a ele e foi o que eu fiz.
— Não se preocupe. Você fará o transplante. Eu serei o doador. Agora acalme-se, por favor.
Ele me abraçou ainda mais fortemente.
— Você vai sobreviver, Michael. Acredite-me.
Ele afastou-se, encarou-me e tentou enxugar as minhas lágrimas com a ponta dos dedos.
— Oh, meu irmão... Eu o amo tanto.
A declaração me tirou ainda mais lágrimas. Eu não queria chorar, queria me mostrar forte e confiante na sua cura, mas não pude. Que fraco fui eu, de uma fraqueza assustadora e surpreendente para mim mesmo.
— Papai já sabe?
— Sim. Quis ligar para você, mas preferi vir pessoalmente lhe dar a notícia.
Assenti.
— E quanto a...
— Melissa?
— Não, ela ainda não sabe. Quero também lhe dizer pessoalmente.
Ele deu um passo para trás, girou o pescoço e lamentou:
— O que eu mais queria nessa vida, Hamilton. Era ser feliz ao lado de Melissa, ter uma casa cheia de filhos, mas, pelo visto, isso vai ficar pr'uma próxima. Nunca vai acontecer!
Ele riu, amargurado.
— É muito cedo para desistir, Michael.
— Você acha que Melissa ainda vai querer ficar comigo depois de saber do meu estado crítico de saúde? Duvido muito.
— É lógico que ela ficará, Michael. Por amor!
— Se ela me abandonar nessa hora será um baque e tanto para mim, Hamilton. Nos últimos tempos minha vida tornou-se Melissa.
— Eu sei, meu irmão, eu sei... Agora se acalme.
Eu quis pedir licença do meu trabalho para acompanhar

Michael de volta para casa. Não podia deixá-lo ir, não naquele estado. Infelizmente a licença me foi negada, pois uma reunião estava prestes a começar e ela dependia totalmente de mim. Clientes haviam vindo de outros estados para ela, não ficaria bem desmarcá-la. Que situação!
— Você não pode esperar por mim? — perguntei a Michael esperançoso de que me dissesse "sim". — Até que eu possa ir com você?
— Não, Hamilton. Estou vendo que está apurado com seu serviço. Não quero atrapalhá-lo. Não, mesmo.
— Mas...
— Nem meio mas. Depois a gente se encontra e complementa essa história.
Ele abriu os braços e me convidou novamente a um abraço apertado.

Foi difícil levar a reunião adiante, pois meu pensamento se voltou totalmente para Michael. No desejo louco de vê-lo bem, gozando de saúde perfeita novamente. Tudo se agravou quando lembrei que a próxima a receber a notícia seria Melissa. E se ela terminasse tudo com ele, antes de ele ter a chance de lhe dizer o que estava se passando com ele? Seria um choque, um baque fatal. Uma depressão naquele momento tão delicado só serviria para agravar ainda mais a saúde de Michael.
Eu precisava avisar Melissa, pelo celular, urgentemente.
Os minutos passando, o desespero aumentando, a concentração se perdendo, que situação! Assim que deixei a reunião, ao invés de ligar para Melissa Broadbent, corri para sua casa.
Foi ela própria quem me atendeu à porta.
— Michael... — murmurei, aflito. — É sobre o Michael, Melissa.
— Calma, Hamilton.
Rompi-me num choro agonizante.
— Meu irmão, querido, Melissa... Ele... ele já esteve aqui?

121

– Sim, Hamilton. Afastei-me dela para poder ver bem seus olhos.
– Você não falou nada, não é mesmo?
– Foi por pouco, Hamilton. Suspirei.
– Ah, Melissa, eu não me perdoaria se isso tivesse acontecido. Ele precisa de você agora mais do que tudo.
– Eu sei.
– Você precisa ficar ao lado dele nesse instante.
– Eu estarei, Hamilton. Tranquilize-se. Engoli em seco.
– Estou tão apavorado com tudo isso. Ele contou a você que me prontifiquei a ser o seu doador? Se isso for possível, é claro.
Ela assentiu enquanto seus olhos derramavam as primeiras lágrimas.
– É o mínimo que posso fazer por ele. Só espero que minha medula óssea seja compatível com a dele...
Minha cabeça pendeu para o lado e meus olhos se tornaram vagos.
– Quanto a nós, Hamilton...
Suas palavras fizeram me encará-la novamente.
– Quanto a nós, Melissa... teremos de esperar até que...
– Eu já esperava por isso.
– Espero que me compreenda.
– Eu o compreendo, Hamilton. Diante dessa situação, o melhor mesmo que temos de fazer é esperar que tudo isso passe. Que a poeira se assente.
Assenti.
– Ainda que isso nos pareça que nunca vai acontecer.
– Vai sim, Melissa. A poeira vai se assentar, sim. Hora mais, hora menos, toda poeira se assenta. Aí então poderemos dar um rumo melhor para a nossa história.
Ela suspirou, eu suspirei. Tudo o que eu mais queria era um abraço naquele instante e um ombro para chorar, foi como se Melissa tivesse lido os meus pensamentos, pois no exato

momento me puxou pelo punho e me abraçou. Então eu chorei, como há muito não chorava.

Foi no final de semana, quanto todos nós nos reunimos na casa de meu pai e Cássia, para dar apoio e esperança a Michael, que ele falou de seu maior desejo. Foi logo depois do almoço, estávamos todos sentados à mesa, quando ele bateu com um talher no copo para chamar a nossa atenção:
— Preciso lhes falar.
Todos os olhos se voltaram para ele.
— Quero agradecer-lhes por estarem aqui hoje em minha companhia, me dando apoio e esperança. Vocês são formidáveis.
Percebi que a maioria ali se esforçou para não chorar.
— Eu não sei se vou sobreviver à cirurgia...
A voz de todos soou ao mesmo tempo:
— Vai, sim, Michael, o que é isso? Pense positivo.
— Eu penso, mas consideremos o "Talvez" ou "Se"...
O clima pesou.
— Considerando o "Se" e o "Talvez"... bem, eu não queria morrer sem realizar um grande sonho meu.
Todos se agitaram e Michael focou seus olhos, então, em Melissa e explicou:
— Eu queria muito Melissa, muito mesmo me casar com você...
Melissa nem ninguém ali esperava por aquilo, pude perceber.
— Sei que a peguei desprevenida. Que tem todo o direito de não aceitar, afinal, diante das condições em que me encontro, que garantia de futuro eu posso lhe dar?
Ele suspirou e prosseguiu:
— Mas, pelo menos, eu morreria feliz, realizado.
— Você não vai morrer, Michael!
Foi Lídia quem falou.
— Não podemos descartar essa possibilidade, maninha.
— Filho, pela graça de Deus, nosso Senhor, você há de

123

sobreviver – interveio Cássia.
– É isso mesmo, filho – reforçou papai.
Um urro de empolgação se elevou a seguir. Saltei da cadeira e abracei meu irmão. Quis desviar o assunto por temer que Melissa dissesse "não" à proposta e, com isso, ferisse ainda mais Michael. Queria dar-lhe tempo também para pensar. Por sorte o assunto se dispersou e acabou sendo esquecido pelo menos naquele momento.
Eu precisava falar com Melissa sobre o desejo de Michael, a sós e foi o que fiz assim que tive a chance.
Ela me fitou longamente até que eu, medindo as palavras, dissesse:
– Eu quero ver meu irmão feliz, Melissa.
– Eu também quero ver Michael feliz, Hamilton.
– Então, por favor, case-se com ele. Esse é seu maior sonho. Vai revitalizá-lo!
Melissa fez que "não" com a cabeça, devagar.
– Por favor, Melissa.
– É um pedido e tanto você há de concordar comigo.
– Sei que é...
– Um pedido que envolve a minha vida, o meu destino também.
– Não nego, mas é por uma boa causa.
– Eu sei.
– Então, por favor, realize o sonho dele. Pode ser o último.
Estendeu-se um longo silêncio até que finalmente ela concordasse:
– Está bem, Hamilton. Farei o que me pede, por você, por Michael.
– Quero que faça mais do que isso, Melissa. Quero que faça dele o cara mais feliz do planeta enquanto estiverem casados.
– E se ele sobreviver, Michael?
– É tudo muito incerto...

124

Ela aprofundou o olhar sobre mim e perguntou, seriamente:
— Responda-me, Hamilton, com sinceridade. Se Michael sobreviver...
— Ele há de sobreviver, Melissa e será com a nossa ajuda.
— Pois bem, com ele sobrevivendo, como ficaremos nós dois? Teremos a chance de ficarmos juntos, definitivamente?
Assenti quase em transe.
— Com sinceridade, Hamilton?
— Sim, Melissa, ficaremos. De algum jeito... um dia...
— Enquanto isso só nos restará continuar nos amando em silêncio, é isso?
A frase me fez pensar.
— Viveremos amando em silêncio? — tornou ela.
— Sim, Melissa, amando em silêncio.
— Não será pior depois? Remediar uma situação agora, dessa forma, não tornará as coisas piores para nós no futuro?
— É um risco que teremos de correr por uma boa causa — respondi, querendo muito acreditar no que dizia.

Surpreendemo-nos, ao notar que éramos assistidos de longe por Lídia. Assim que fiquei só, ela veio até mim e falou com todas as letras, quase que espumando de raiva:
— Se algo acontecer com Michael por sua causa, acabo com você, Hamilton. Não sossegaria se não o fizer.
Olhei para ela tomado de horror.
— Nada vai acontecer a ele, Lídia.
— Acho bom.
Ficamos brevemente em silêncio até ela desabafar:
— Isso tudo é culpa sua...
— Isso tudo o que Lídia?
— Essa desgraça na vida do Michael.
— Lídia, por favor...
— É culpa sua e de Melissa percebo agora! Ela não é para

125

o Michael, se fosse não teria se deixado ser seduzida por um canalha como você. Mas Michael pensa que ela é boa, não pode saber quem ela é, no fundo. Não, agora nesse estado precário em que se encontra. Não deve saber também nem depois, não enquanto não esteja cem por cento saudável.

Ela suspirou:

– O que importa é que ele fique 100% saudável, Lídia. 100% curado.

Sem mais, eu ia me retorando, quando Lídia me segurou pelo braço e questionou:

– Você acha mesmo que ele pode voltar a ficar 100% bom?

– Por que não, Lídia? Estamos contando com os melhores médicos e as melhores orações para isso.

– Nisso você tem razão. Pelo menos você vai servir para alguma coisa de bom, Hamilton. O transplante. Só espero que sua medula óssea não tenha sido contaminada por sua canalhice.

Deus meu, como Lídia me odiava! Era assustador perceber que alguém podia odiar tanto o outro como ela me odiava, capaz de fazer de mim o alvo de todo o seu ódio.

Capítulo 10

O casamento de Michael com Melissa foi marcado para a semana seguinte. Foi assim tão rápido devido às circunstâncias. Nesse dia, Michael tomou um banho demorado para a grande ocasião. O prazer de estar se preparando para se casar com a jovem que enfeitiçara o seu coração, era estimulante e, ao mesmo tempo, apaixonante. De banho tomado e devidamente perfumado, ela teria prazer em tocá-lo, beijá-lo e amá-lo. Com isso, também se esqueceria de que ele era quase um morto, caso o transplante não tivesse êxito.

Melissa fez questão de usar o vestido de noiva mais lindo e caro para a grande ocasião. Os cabelos estavam presos ao alto junto a uma coroa com imitação de diamantes.

Ela entrou na igreja, caminhando calmamente pelo corredor ladeado de flores e pelos poucos convidados presentes. Estava linda, poucas noivas haviam ficado tão lindas quanto ela. Ao ver todos os olhos voltados na sua direção, seu estômago revirou-se de nervosismo, ainda assim, ela levantou o queixo e prosseguiu com passos decididos.

Ao me avistar no altar, como um dos padrinhos* de Michael, sentiu seu peito se incendiar, contagiada pela emoção e a alegria com que eu olhava para ela, eternamente grata pelo bem que ela estava fazendo a meu irmão querido.

Percebi que ela também se emocionou, ao avistar Michael, aguardando, ansioso, por sua pessoa, com lágrimas e mais lágrimas rolando pela face, espelho da minha, da de Melissa

*Na América é de praxe o noivo ter pelos menos dois padrinhos e a noiva duas madrinhas. Não casais como se costuma ter no Brasil.

e de todos os meus familiares.

Quando ele entrelaçou seu braço ao seu, ela sorriu, segurando com força os cantos da boca para impedir que os músculos tremessem.

O padre deu início então à cerimônia religiosa.

– Michael você aceita Melissa na alegria e na tristeza, na saúde e na doença, amando e respeitando-a, até que a morte os separe?

– S-sim – ele se interrompeu, fazendo força para conter as lágrimas.

– Melissa você aceita Michael na alegria e na tristeza, na saúde e na doença, amando e respeitando-o, até que a morte os separe?

Nossos olhos se encontraram nesse instante e transbordaram de emoção e pranto. Foi doloroso ver em seus olhos a dor por se ver, casando com Michael e não comigo como tanto sonhava, como tanto sonhamos. Mas havia também um manancial de bondade e compaixão por Michael, um amor que crescia por ele, por realizar seu desejo, vê-lo feliz. Amor, sim, pois só por amor alguém seria capaz de realizar o sonho de um cara, um sonho que poderia ser o seu último.

Tive, por uns segundos, receio de que ela não conseguiria chegar ao fim, que desistiria do casamento a qualquer segundo, o que seria desumano para com Michael. Mas Melissa, engolindo o choro e enxugando as lágrimas, foi em frente:

– Sim, aceito.

– Então vos declaro marido e mulher.

Michael então a beijou amável e docemente e a cerimônia terminou com uma chuva de arroz ao som de uma das mais belas canções que alguém já escreveu.

Fiz de você o meu caminho
Pra acontecer quando tem tudo a ver
Quem namora acima dos olhos
Quem diz logo que quer viver ao seu lado
Tá achado, o grande barato dessa louca vida

Entre chegadas e despedidas
Desilusões e vidas perdidas
Vou dizer tudo o que eu sinto, vou...
Vou dizer tudo porque é lindo, vou...
Vou dizer que o paraíso agora existe em mim
Que você está aqui, enfim
Do meu lado, assim...

Diante da condição de saúde de Michael, a família de Melissa não se opôs a uma cerimônia religiosa católica, desde que ambos também recebessem a bênção do rabino. Foi exigência mais de seu pai, que ainda se mantinha fiel às tradições judaicas. A mãe e os irmãos de Melissa, bem como a própria Melissa, já não eram tão ligados assim.

Durante a festa, mantive-me o tempo todo de olhos em meu irmão adorado, procurando esquecer que a jovem ao seu lado era aquela por quem meu coração tanto ansiava amar. O meu amor por Michael falara mais alto e penso que também no coração de Melissa, apesar de ela admitir que não o amava tanto assim.

A festa foi embalada por músicas de ritmos diversos, especialmente os que marcaram a era das discotecas. A canção "Dance floor" umas das minhas favoritas empolgou todos, especialmente Michael.

A canção a seguir, dancei com Melissa por insistência de Michael. Foi outro momento da cerimônia que eu sabia que jamais se apagaria de minha memória.

E nós dançamos, dançamos e foi como se não houvesse ninguém mais ali ao nosso redor. Por sorte não fui escolhido para fazer o discurso da noite, algo típico nos casamentos americanos, onde um dos padrinhos fala em nome de todos o que significa a união do casal e os votos de felicidade que merecem ter agora juntos. Se tivesse sido eu o escolhido, não saberia o que dizer, me atrapalharia enormemente com as palavras.

Quando Edith voltou a dançar comigo, estranhou meu

129

semblante cansado e tristonho.
– O que há, Hamilton? Você me parece...
– Preocupado – respondi antes que ela terminasse a frase.
– É por tudo o que Michael está passando... Pela incerteza do seu amanhã.
– Vai dar tudo certo, mantenha-se pensando no melhor. Michael vai ficar tão bom, que no nosso casamento já estará totalmente recuperado e fará o discurso para nós, os noivos.
– Você está certa, Edith, sejamos otimistas.

Apertei-a um pouco mais contra o meu peito e beijei-lhe a testa quase na altura em que seus cabelo cresciam lindo se viçosos. E novamente a letra da canção que embalava a dança de todos me chamou a atenção;

> Fico comigo pensando em você
> E em tudo de bom que juntos podemos fazer
> Essa boa ideia não sai de mim não sai
> It's always on my mind (Está sempre em minha mente)
> Always by my side (Sempre ao meu lado)
> Always on my heart (Sempre em meu coração)
> Meu corpo é uma casa pra você morar
> A alma não é tudo o que você pode explorar
> Assim assado, de qualquer jeito, qualquer lado
> Tudo junto e misturado
> Visto seu corpo pra me aquecer
> Encosto meu dorso no seu pra nos surpreender
> Sob o sol da meia noite
> No nosso pique esconde-esconde
> Nosso lance legal... Lança Perfume que não faz mal
> Eu vou mergulhar no seu túnel do amor
> Que me dá tanto prazer, tanto prazer... Eu vou...

Minutos depois, enquanto a festa continuava agitada, Michael veio me abraçar e me agradecer por tudo.
– Oh, meu irmão, deixe-me agradecer-lhe por tudo que fez por mim. Por tudo que faz por mim.
– Quero muito que seja feliz, Michael – desejei do fundo do meu coração. – Imensamente feliz.

Reforçamos o abraço por um bom tempo, sem conseguir falar. Chorando feito duas crianças bobas.

Quando ele conseguiu me encarar novamente, percebi que havia um brilho em seus olhos, um que nunca vira antes em toda a vida.

— O que foi? Você nunca me olhou desse modo...

Antes...

— Não, Hamilton, eu nunca fiz, mesmo! É só para lhe dizer que eu o amo muito. Obrigado por ser meu irmão, por ter cuidado de mim, por ter me ensinado tanto, por ter estado do meu lado nas alegrias e nas tristezas.

— Você também foi sempre formidável comigo, Michael. Eu também só tenho a lhe agradecer.

O abraço se repetiu e papai gostou imensamente de nos ver abraçados daquela forma. Melissa também prestava atenção à cena que a comoveu. Ali estava eu, o homem que ela tanto amava, abraçado a Michael, meu irmão, com quem ela se casou, não por amor, mas por compaixão. Pena não, compaixão.

Não muito longe dali, Lídia também prestava atenção em mim e em Michael. Ela não me parecia feliz; apesar de tudo o que estávamos fazendo por Michael, ela não estava satisfeita, todavia concordava que aquilo era o melhor para ele até que o transplante tivesse pleno êxito.

(O que conto a seguir me foi revelado muito tempo depois. Diz respeito à lua de mel de Michael e Melissa.)

Ninguém sabia, nem mesmo Melissa que Michael havia reservado três dias num dos melhores hotéis de Las Vegas. Logicamente que papai dera esse mimo a ele, com a colaboração financeira de Cássia.

— Eu quis fazer desse momento, Melissa, o seu maior momento — admitiu ele, ao chegarem ao local. — De todos os momentos, o inesquecível.

— Obrigada, Michael. Não precisava...

— É lógico que precisava, Melissa. Você é o grande amor

131

da minha vida e para o grande amor se deve propiciar somente o que há de melhor.

Os olhos dele, colados aos dela, comoveram-na.

– Michael, você é formidável.

Fora uma declaração sincera. De repente, subitamente, Melissa estava descobrindo encantos em Michael que até então não notara.

Ele a abraçou e a beijou e ela, envolta naquele abraço caloroso e amoroso, decidiu baixar suas defesas e retribuir aquele amor tamanho que aquele rapaz lindo, na flor da idade, derramava sobre a sua pessoa.

Foi, na concepção de Melissa, um ato de amor envolto de sensações muito diferentes da que ela teve comigo. Numa velocidade diferente, numa sintonia diferente, numa frequência diferente...

Michael depois de atingir o clímax, deitou-se ao seu lado, com os olhos voltados para o teto e falou:

– Foi maravilhoso. Adorei.

Melissa se manteve calada e distante.

– Ei? – perguntou Michael, virando-se para ela e acariciando seus cabelos. – Tem alguém ainda aí?

Ela assentiu com um leve sorriso, um leve gracejo.

– Pensei que a havia perdido. Que não tivesse retornado para Terra depois do êxtase.

Ele riu, gracioso.

– Que dá uma vontade de nunca mais voltar, isso dá, não? Talvez não para sempre, mas por um período de tempo maior. Talvez cinco, dez minutos consecutivos.

Ele tornou a rir.

– No que está pensando?

Ele correu com a ponta do dedo indicador pelo rosto dela. Da testa, passando pelo nariz até alcançar os lábios.

– Em nada, Michael. Por incrível que pareça não estou pensando em nada. O amor me fez desligar de tudo.

– Que bom, meu amor, que bom! – exclamou ele, empolgado e deu um beijo nela de surpresa.

Então voltou a deitar com a cabeça voltada para o teto.
– É uma pena que nada dure para sempre.
– Ora, Michael, não pense nisso.
– É impossível deixar de pensar, meu amor. Nossas manhãs são incertas mas para uma pessoa que se encontra prestes a fazer um transplante, mais incerto se torna o amanhã.
– Hamilton vai doar para fazê-lo viver, Michael. Continuar vivo por muito, muito tempo...
– Ainda assim o transplante pode não dar certo.
– Dará, acredite.
Só então Melissa percebeu o desespero por trás da juventude linda de Michael. A vontade gritante de querer viver por muitos anos e nunca poder acontecer.
– Minha vida ao seu lado seria perfeita, Melissa.
Ela suspirou.
– Mas não quero perder a esperança. Não, não, não! Quero ser positivo, com você ao meu lado me sinto mais seguro e positivo. Até mesmo mais saudável.
– Ora, Michael...
– Eu juro, Melissa. Juro por Deus que é verdade. E digo mais, é seu amor devotado a mim que me cura. Não dizem que o amor tem o poder de curar? Pois bem, posso garantir que é verdade e se eu sobreviver, aí, então, saberei que é a maior verdade de todas. Obrigado por existir, Melissa. Muito obrigado. Eu a amo!
Ele voltou a beijá-la e comentou:
– Há tempos que você não me diz "Eu te amo" como costumava dizer nos primeiros meses de namoro.
– Deve ser porque ando tão preocupada com toda essa transformação em nossas vidas...
– Eu entendo. Mas diga-me, você ainda me ama?
– Sim, Michael o meu amor por você não mudou. Continua sendo o mesmo de quando o conheci.
E Melissa estava sendo sincera. Ela ainda o amava, não tanto quanto a mim, na mesma intensidade, mas de uma forma pura como só o amor pode acontecer.

133

– Há uma coisa que quero imensamente, Melissa.
– Diga.
– E eu também preciso de você para realizar.
– O que é, Michael?
– Um filho, meu amor. Eu quero imensamente ter um filho com você. Pelo menos um, assim, caso eu morra, um pouco de mim continuará vivo.
– Você não disse que pensaria positivo doravante?
– Disse e vou, mas por via das dúvidas...
– Ah! Já sei! Confia, desconfiando.
– É quase isso.
Ela riu, ele riu e o silêncio achegou-se a ela novamente.
– E então, meu amor? Você pode realizar esse meu sonho? Mais este, por favor?
"Um filho", pensou Melissa, "Como Hamilton reagiria àquele pedido?

Enquanto Michael se encontrava em lua de mel, eu voltei com Edith para a cidade onde vivíamos. O casamento me fez pensar no meu com ela que em breve chegaria. Uma vez casado, tudo estaria resolvido, pelo menos é o que eu esperava. Num dia em que eu andava longe com meus pensamentos, entre o incerto e o desejo, Edith veio falar comigo.
– Preciso falar com você, Hamilton.
Ela me parecia um bocado ansiosa, nunca a vira assim.
– Sim, Edith, diga.
– Estou grávida.
Gelei.
– Grávida?!
– Sim. Estou grávida e apavorada por estar. Temerosa de que não goste da ideia e que me peça para abortar a criança.
– Não, Edith. Não diga isso! Eu nunca pediria para você fazer uma coisa dessas. Seria desumano.
– Quer dizer que você gostou da ideia?
– Se gostei?

— Com sinceridade, Hamilton, por favor.
— É lógico que sim, meu amor.
— Ufa! – ela suspirou. – Que alívio!

Fiquei congelado na posição em que me encontrava por alguns instantes. Por fim, fiz o que todo sujeito de caráter deve fazer numa hora como essa: abraçar a mulher que será mãe de seu filho.

Aquilo para mim foi um sinal, de que o destino queria mesmo que nos uníssemos em casamento, e que minha história com Melissa definitivamente chegara ao fim. Por outro lado, não pude deixar de pensar na hipótese de Michael não sobreviver ao transplante e Melissa ficar livre para mim e...

Amaldiçoei no mesmo instante minhas conjecturas, mergulhei a cabeça na pia e abri a torneira, na esperança de que a água gelada desse fim àquela hipótese maquiavélica.

Capítulo 11

Ao voltarem da lua de mel, Michael e Melissa foram recebidos por todos nós com uma grande festa na casa de papai e de Cássia. Assim que achou oportuno, Melissa fez sinal para mim, queria me falar, urgentemente.
– O que foi? Não é bom ficarmos de cochicho.
Ela me parecia ansiosa para falar.
– Aconteceu alguma coisa? Saiu alguma coisa errada durante a lua de mel?
– Não, Hamilton. Correu tudo perfeitamente só que...
– Só que... Por favor, Melissa, diga-me logo, o que há?
– Michael quer um filho.
Suspirei aliviado.
– Você não me ouviu? Michael quer um filho?!
– Um filho...
– Sim. Agora diga algo, por favor.
Tudo o que consegui dizer foi:
– Edith está grávida.
O rosto de Melissa se transformou.
– Grávida...?! – balbuciou ela. – Eu disse a você, Hamilton, desde que nos apaixonamos na Inglaterra que a verdade liberta e a mentira aprisiona o ser cada vez mais. Aprisiona até mesmo a alma.
– Nunca me disse isso.
– Não com essas palavras. Mais tarde, sim. Quando decidiu finalmente jogar limpo com todos.
– E o destino não quis.
– Sim, Hamilton. O destino não quis e talvez, por já ser tarde demais.

Houve uma breve pausa até eu emergir do meu repentino devaneio.
– Você e ele consumaram o casamento? Você e ele...
– Se transamos? É isso que quer saber? É lógico que sim! Está com ciúme, por acaso? Tudo isso foi ideia sua, esqueceu-se? Ia me defender, mas calei-me no mesmo instante em que avistei Edith, olhando para mim a pouca distância. Ela havia ouvido tudo, tudinho e parecia derreter por dentro de seu corpo bonito e jovial. Ela imediatamente apanhou suas coisas e seguiu para fora da casa, sem se despedir de ninguém. Eu corri atrás dela:
– Edith, espere! O que deu em você? Só estava conversando com ela para saber de Michael.
Procurei manter a voz baixa para ninguém nos arredores me ouvir. Ela travou os passos, mirou seus olhos vermelhos de desapontamento e raiva em mim e disse:
– Como você pôde, Hamilton?
– Edith, não é nada disso que você está pensando. Por favor, acalme-se.
– Pensa que eu sou surda, é? Não sou surda nem burra, Hamilton. Eu ouvi claramente ela dizer: "Eu disse a você, Hamilton, desde que nos apaixonamos na Inglaterra que a verdade liberta e a mentira aprisiona o ser cada vez mais. Aprisiona até mesmo a alma."
Fraquejei no momento que eu menos deveria.
– Aconteceu. Eu não queria
– Será?
– Juro que não! Eu lutei contra, eu juro!
– E ela? Melissa também lutou contra?
– S-sim...
– Sim ou não, Hamilton?
– Não posso dizer por ela, afirmar por ela, mas posso dizer por mim. Eu lutei contra, Edith, eu juro! Pensei em você e queria manter minha promessa. Ser-lhe fiel como prometi. Mas não consegui. O desejo falou mais alto dentro de mim.

137

Perdoa-me.
— Não, Hamilton. Eu nunca vou te perdoar.
— Nós teremos um filho.
— Nós teríamos um filho.
— Como assim, teríamos? Ainda teremos!
— Não, Hamilton. Não mais!
— Não faça isso comigo, Edith.
Um choro convulsivo calou-lhe a voz.
— Leve-me para o aeroporto — disse ela quando conseguiu se controlar.
— O que minha família vai pensar disso tudo?
— Você está mais preocupado com isso do que...
O rosto dela se transformou novamente:
— Agora entendi! Você só está preocupado com o que Michael vai pensar quando souber que você e eu não estamos mais juntos. Vai querer saber a razão. E você omitirá, com certeza. Mas até quando, Hamilton? Até quando vai omitir de Michael a verdade? Ela terá de vir à tona se você e Melissa quiserem ficar juntos.
— Esqueça Melissa. Ela é de Michael. E será dele para sempre.
Ela arrepiou-se:
— Quando penso em você e Melissa, juntos!
Uma ânsia, seguida de súbito vômito, fez com que ela se curvasse e eu a amparei.
— É melhor eu levá-la para o pronto-socorro.
— Não!
Ao sinal dela parou um táxi e ela entrou, mesmo sob meus protestos. Permaneci ali, observando o carro se afastar, enquanto chegava a uma devastadora conclusão: Eu perdera Edith por causa de Melissa e perdera Melissa por causa de Michael... Temi que meu coração parasse naquele instante.

Papai notou que algo estava me aborrecendo muito além do que estava acontecendo com Michael.
— O senhor sabe que ninguém é perfeito, não é, papai?

– Sei, filho.
– Mas eu queria ter sido perfeito, sabe. Eu juro.
– Mas Deus não quis assim?
– Por que Ele não fez todos perfeitos, um mundo onde tudo se encaixasse perfeitamente tal como um quebra-cabeça? Um lugar onde não existissem tentações, traições, sendo assim não haveria culpa?
– Eu não posso te responder, filho. Só Deus tem a resposta.
– Eu sei, papai. Eu sei. Só quero saber quando poderemos nos encontrar para que Ele me possa responder.
– Depois da morte, creio eu.
– De que me servirá a resposta, ou melhor, as respostas, afinal, são tantas perguntas... se já não posso mais viver?
– Talvez a morte seja um recomeço num outro extremo do universo.
– Talvez... Mas o que importa é o meu momento presente onde estou.
– O que o está perturbando, Hamilton? Abra-se comigo.
– Apaixonei-me por uma moça, papai.
– Surpreendente para mim seria se fosse por um rapaz.
Ele riu, eu permaneci sério.
– Não estou falando de Edith. É uma outra moça. Aconteceu na Inglaterra. Eu não queria, mas não pude resistir... ao desejo... intenso...
– Eu já passei por isso, filho.
– Eu nunca quis machucar Edith juro que não, mas... Ela soube hoje do meu envolvimento com essa moça e terminou tudo comigo. Estou arrasado.
– Tente conversar com ela...
– Já tentei.
– Tente outra vez se...
– Se?...
– Se ela realmente importa tanto para você. Se não importa, lute por quem você tanto ama.
– É um amor impossível, papai.

139

— Só porque você está nos Estados Unidos e ela mora na Inglaterra? No amor nada distancia um casal que se ama.

Engoli uma saliva amarga.

Era quase meia-noite quando voltei para a casa, tiritando de frio e com todo o peso do mundo nas costas. Aquela fora, indubitavelmente, a semana mais longa da minha vida. Abracei o silêncio e deixei-me chorar, derramar todo o desespero que me consumia a alma. Passei a considerar bem-vinda qualquer atividade que me mantivesse afastado dos meus temores.

Assim que pude, parti atrás de Edith. Foi sua mãe quem me recebeu à porta.

— Ela não está, Hamilton.
— Será que vai demorar?
— Bem...

Forte emoção fez a senhora baixar os olhos.

— O que foi? A senhora está bem?
— Estou com medo, Hamilton...
— Medo? Se eu puder ajudá-la?
— Refere-se a Edith. Ela saiu daqui hoje decidida a...

Logo percebi aonde ela queria chegar.

— Para onde ela foi?
— Acredito que para uma clínica. Uma dessas...
— O endereço, a senhora tem o endereço?
— Não!
— Não?!
— Talvez ela tenha no quarto dela, em algum lugar.
— É melhor procurarmos por ele, o mais rápido possível.

A mulher chorava e o desespero havia me dominado por completo. Pela graça de Deus encontramos o endereço de uma clínica e parti, rangendo os pneus, suplicando aos céus que fosse o endereço certo para onde Edith havia seguido.

(O que relato a seguir me foi contado tempos depois.)

Edith estava tão fora de si, que mal notou o trajeto que a levou a tal clínica onde marcara para fazer o aborto. Estava com a mente tão longe, tão longe, que quando deu por si estava alisando seu ventre, algo que nunca havia feito desde que se descobrira grávida. Cinco, dez minutos depois, uma onda de calor esquentava-lhe a mão, como se ela estivesse envolvida pela mão de outra pessoa, trocando um aperto de mão forte, sereno e carinhoso.

Quando a auxiliar da médica chamou seu nome, por um momento ela não percebeu o que a mulher dizia. Foi preciso ela tocar no seu ombro para que despertasse.
– Desculpe-me. O que foi que disse? – assustou-se Edith.
– É a sua vez.
A funcionária percebeu que a paciente, entre aspas, estava transtornada, apesar de sua voz transparecer normalidade:
– Sim. É a minha vez.
Edith se levantou e caminhou na direção que a mulher lhe indicou.
– Você está se sentindo bem? – perguntou ela, pouco antes de chegarem à porta da pequena sala de cirurgia.
Edith se fez de forte para responder:
– Estou, sim.
– Fique tranquila – encorajou-lhe a moça – vai correr tudo bem.
Não levou mais do que um minuto e a médica apareceu na sala. Tinha um rosto pesado, com olheiras profundas, como se não dormisse há dias. Cumprimentou Edith com uma frieza assustadora enquanto colocava luvas plásticas.
Edith deitou-se na posição indicada, enquanto a doutora de rosto amargo e cansado falou:
– É rápido, não se preocupe.
– E-eu sei... – gaguejou Edith sem perceber que de seus olhos minavam lágrimas e mais lágrimas.
– Está incerta? – perguntou a médica, ao notar seus olhos dilatados voltados para o nada.
Edith nada respondeu, apenas balançou levemente o rosto e disse:

141

– Vamos logo com isso.
A doutora fez uma careta e disse:
– Se você não está mais certa quanto a fazer esse aborto, então não o faça!
– ... – as palavras se perderam na garganta de Edith.
– Pense bem... – insistiu a mulher.
Ela lançou-lhe um olhar triste e penetrante e respondeu, gaguejando:
– Eu estava tão certa quanto a fazer esse aborto até chegar aqui, sabe?
Pelo olhar, a médica a incentivou prosseguir.
– Então, subitamente, me peguei, acariciando meu ventre, como se ali já existisse uma criança lúcida e inteira para nascer.
A médica fez outra careta.
– A doutora me compreende?
A mulher aprumou-se ao lado dela, mergulhou fundo nos seus olhos e falou calmamente, mas com firmeza:
– Compreendo, sim! Sabe quantos e quantos abortos eu faço aqui por dia? É melhor nem dizer. E sabe por que a maioria acontece? Por causa da maior praga que existe sobre a face da Terra.
Edith olhou ainda mais alarmada para a médica.
– Estou falando da praga chamada "homem", minha querida. É por causa deles, da falta de responsabilidade por parte deles que muitas como você vêm aqui fazer um aborto. E eu faço porque tenho pena dessas mulheres, pena por terem cedido aos encantos de um canalha.
– Um canalha...
– Sim. No seu caso quem foi o canalha?
– Hamilton... Meu ex-noivo. Sabe, eu me entreguei para ele porque me fez pensar que ele era o homem da minha vida e, que me queria pela vida inteira, até que, de repente, me traiu com outra.
– Eu falei que é uma praga. E quem paga caro por isso, são os bebês que podiam nascer lindos e viçosos, e acabam

142

num aborto.
Edith arrepiou-se.
— Eu sinto muito pelo que está passando. Mas não se sinta a única. Nove em cada dez mulheres são feitas de tonta nas mãos dos homens.
Edith novamente se arrepiou e pensando em seu pai, falou:
— Mas há homens bons, homens que valem a pena. Não podemos generalizar.
— É, você tem razão, não podemos generalizar.
— Meu pai é um homem bom... há muitos outros... Michael é um moço de ouro.
— Michael?
— O irmão do meu ex. Coitado, está prestes a passar por uma cirurgia muito delicada.
— Eu sinto muito.
Houve uma pausa até a médica dizer:
— Sabe o que eu faria no seu lugar.
— O quê?
— Eu fecharia os olhos e pediria uma luz aos céus. Para que iluminassem seus pensamentos e consequentemente: ações. Para isso, vou deixá-la só por um pouquinho mais de tempo, ok?

Edith não respondeu nada, apenas baixou os olhos para a barriga, na região do ventre, enquanto sua mente era invadida novamente pela pertinente sugestão da doutora.

"Eu fecharia os olhos e pediria uma luz aos céus. Para que iluminassem seus pensamentos e consequentemente: ações."
Mas ao se lembrar do meu envolvimento com Melissa, o ódio ressurgiu com força total, tapando-lhe os ouvidos da alma para qualquer bom conselho do Além.

Quando a médica voltou à sala, Edith falou:
— Eu quero mesmo concluir o que vim fazer aqui.
A mulher sem delongas, colocou novas luvas plásticas, pôs a máscara cirúrgica sobre o nariz e quando ia iniciar seu trabalho, a porta da sala se abriu, de supetão, e eu entrei. Ao

143

me ver, Edith soltou um grito.
— Não faça isso, Edith! — falei quase num berro.
A médica recuou.
Eu então me curvei sobre Edith, apanhei sua mão e falei em tom de súplica:
— Vamos conversar, não se precipite.
— Hamilton...
— Por favor, Edith.
Ao voltar os olhos para a médica, Edith ouviu da mulher:
— Raramente um canalha vem aqui, ainda mais fazendo uma entrada como essa. Apesar de ele não valer nada, como todos, penso que deveria ouvi-lo, não por ele, mas pelo bem da criança.
Edith acabou aceitando a sugestão.
— Ainda bem que cheguei a tempo — suspirei.
— Ainda bem?!
— Sim, Edith, ainda bem. Temo que um dia você, ao olhar para trás se arrependeria amargamente do que está prestes a fazer.
— Eu ainda vou fazer.
— Não vai, não! Não por mim, nem por você, como disse a doutora, mas pela criança que gera em seu ventre. Ela não merece pagar por um erro meu, pelo ódio seu, por um desejo de vingança. Não, ela não merece. Não é justo matar quem a vida quer fazer nascer, enquanto tantos lutam para continuar vivos.

Ela suspirou e eu continuei:
— Eu não queria, juro que não, mas quando percebi, eu havia me apaixonado por Melissa e, mesmo assim, lutei com todas as minhas forças para que isso não fosse adiante. Infelizmente, perdi. Eu sinto muito, mesmo!

Ela pareceu se aquietar.
— Que bom que cheguei a tempo — completei, vertendo-me em lágrimas.

Ela mordeu os lábios.
— De certo modo eu ainda a amo, Edith. Acho que nunca

deixamos de amar quem a gente já amou um dia de forma intensa.
Ela baixou os olhos e nos silenciamos. Foi temporário, logo ela me encarou e disse com voz profunda e gutural:
— Se você sente realmente alguma coisa por essa criança que gero em meu ventre... Se pensa que ela vale tanto assim para você, então, Hamilton... Case-se comigo!
A sugestão me surpreendeu.
— Case-se comigo já, agora, sem mais delongas. Sem mais fazer planos! Sem festa, sem vestido de noiva... Sou capaz de abrir mão de tudo isso por amor. É você capaz de fazer o mesmo? De abrir mão de tudo isso por amor?
— Edith, você está nervosa...
— Nervosa?!... Essa é boa!
— E-eu...
— Não diga mais nada, Hamilton. É melhor.
Sem mais, ela deixou a sala em que estávamos, assistidos pela médica, seguido por mim.
— Aonde vai? Espere!
Corri e a segurei pelo braço.
— Vou embora para minha casa.
Suspirei.
— Que bom que mudou de ideia.
— Aquela médica tem razão. A criança que fecundo não merece pagar por causa de um canalha como você.
Eu a acompanhei até o carro e ela partiu sem dizer mais nenhuma palavra.

Ao chegar a sua casa, desabafou com a mãe e foi ela quem lhe sugeriu passar um tempo, com uns parentes num estado distante, para refrescar a cabeça. Ela adorou a ideia.
Quando procurei Edith novamente, ela já havia partido e quando sua mãe me sugeriu ir atrás dela para surpreendê-la e voltarmos às pazes, expliquei que não podia fazer aquilo no momento, afinal, Michael, meu irmão, estava prestes a fazer o transplante de medula e eu era o seu doador.

– Eu sinto muito, Hamilton – disse-me ela com pesar pelo que enfrentávamos.
– Obrigado.
Voltei para minha casa em Turtle River esperançoso de que a viagem ajudasse Edith a abrandar seu ódio por mim, que mantivesse a gravidez e que voltasse a me ver com bons olhos.

O dia do transplante finalmente chegou e com ele, uma corrente de preces para que tudo acabasse bem. Pelo menos, segundo os médicos, tudo correu bem e, no tempo devido, despertei da anestesia.

Ao avistar Michael deitado na cama ao lado, fiquei olhando para ele, esperançoso de que acordasse e voltasse a ser quem sempre foi. Ele ainda dormia sob o efeito da anestesia.

Michael tinha de sobreviver. Era o que eu mais queria e desejava do fundo da minha alma. Ele tinha de sobreviver e ser feliz.

Não posso deixar de mencionar aqui que cheguei a pensar que tudo o que estava sentindo em relação ao meu irmão adorado, toda amargura e desespero se dava como um castigo vindo dos céus, por eu ter ousado seduzir a mulher que ele tanto amava e, até mesmo, pensando em ficar com ela.

Queria muito saber o que se passava pela mente de Melissa. Mais precisamente pelo seu coração. Quando ela mais uma vez apareceu para nos visitar, saber como andava a nossa recuperação, pedi a ela que rezasse muito pelo melhor de todos nós.

Um pensamento me turvou a vista. Um pensamento maldoso, fruto daquele lado nosso que parece ser comandado pelo demônio. Estaria Melissa desejando que Michael nunca mais se recuperasse para poder solucionar a nossa delicada situação de uma forma indolor para todos?

Se pensasse dessa forma muito me decepcionaria. Acho que todo encanto que eu sentia por ela desmoronaria vertiginosamente. Eu jamais compactuaria com uma solução abominável como esta. Seria o mesmo que cometer um assassinato. Tornar-me um Caim.

O personagem bíblico me fez resgatar o pouco dos mandamentos que aprendi na igreja que eu e minha mãe frequentávamos. Algo que se perdeu nos anos em que minha mãe se sentiu muito só, lograda pela vida por ter dado tanto amor a meu pai e ele a ter trocado por outra. Aquilo foi inaceitável para ela como é para a maioria das pessoas que passam pela mesma situação.

O mesmo aconteceria com Michael se soubesse que eu e Melissa estávamos dispostos a ficar juntos. Ele me odiaria com certeza e se sentiria duplamente traído. Seria um baque, ainda mais na delicada situação de saúde em que se encontrava.

Quando teríamos a coragem de lhe dizer a verdade, só o tempo poderia dizer. Mas de antemão eu já pressupunha que esse tempo tardaria a chegar, pois Michael ficaria por um bom tempo em convalescença. Se algo o ferisse, a tristeza e a decepção, o baque em si só serviria para prejudicar seu restabelecimento.

Quantas e quantas vezes não li matérias a respeito da influência do lado emocional na saúde? Inúmeras vezes. Pesquisadores, esotéricos e até médicos já admitiram uma correlação entre o equilíbrio físico e mental. Portanto Michael não poderia se abalar emocionalmente, não enquanto não estivesse cem por cento saudável como um dia fora. Aí sim, só então, poderia saber da verdade e eu e Melissa poderíamos ficar juntos.

Nas semanas pós-operatória, Michael foi dando sinais de melhora, surpreendendo todos, especialmente os médicos. Quando chegou a notícia de que Melissa estava grávida, Michael se transformou em pura alegria e puro entusiasmo para continuar batalhando pela vida.

– Um filho... – balbuciou Michael ao receber a notícia. – Era o que eu mais queria.

– Sim, Michael – concordei. – Seu desejo foi realizado.

– Oh, meu irmão... Obrigado por tudo. Graças a você eu ainda estou aqui.
– Graças a Deus...
– Sim, Hamilton e quero permanecer vivo agora mais do que nunca. Quero ver meu filho nascer e crescer.
– Com a graça de Deus tudo será possível.
As palavras de meu irmão me deixavam sem palavras. Vê-lo feliz e vivo, saudável na medida do possível alegrava imensamente o meu coração. Meu pai, Cássia e Lídia mal cabiam em si de felicidade e alívio por vê-lo, recuperando-se maravilhosamente bem.
Semanas transformaram-se em meses e logo Melissa e Edith estavam prestes a dar à luz. Edith ainda se mantinha distante de mim, atendendo as minhas ligações, mas com certa frieza. Eu era paciente com ela, penso que deveria ser, sempre.
Os bebês finalmente nasceram com uma diferença de um mês entre eles. O meu e de Edith recebeu o nome de Ben e o de Michael e Melissa de Jacob. Nos dois partos eu estive presente. Michael me abraçou e chorou de alegria por ver o filho nascido.
– O filho que Deus deu a você é um menino, lindo! – anunciou o obstetra, mostrando a criança para Michael.
Foi quando segurei o menino no colo, com ternura, fazendo fusquinhas para ele que Lídia cismou novamente comigo. Talvez tenha sido o olhar de Melissa para mim, segurando o bebê que lhe chamou a atenção. Assim que teve a oportunidade de me falar a sós, procurou-me.
– Lídia?! – exclamei assustado, sem saber ao certo por que.
– Quero falar com você, Hamilton.
– Diga.
– Não aqui. Acompanhe-me.
Segui, submisso. Quando chegamos ao local que ela considerou adequado para uma conversa particular, ela voltou-se para mim, fuzilando-me com os olhos.

— Por que me olha assim, Lídia? – gaguejei, sentindo-me cada vez mais desconfortável diante dela.
— Aquele menino... – murmurou ela entrevada de ódio.
— Menino...
— Não se faça de besta, Hamilton. Sabe bem que estou falando do recém-nascido.
— Ben...
— Sim.
— O que tem ele?
— Aquela criança é mesmo filha de Michael e Melissa ou...?
Arrepiei-me, jamais havia se passado pela minha cabeça tal possibilidade. Lídia levou as mãos à cabeça em sinal de desespero e desabafou, contendo-se para não gritar:
— Como vocês são sórdidos... Doentes... Não sei por que me espanto, eu não podia esperar algo diferente de um canalha como você e de uma infiel como Melissa. Michael não merecia uma coisa dessas, não mesmo!
— Lídia, por favor. É claro que o filho é de Michael...
— Você tem certeza?
— Bem...
Fiquei sem palavras temporariamente.
— Você não tem certeza?!
Então, com muito custo, desabafei:
— É que agora, depois da sua suspeita, bem...
— Desembucha, Hamilton!
— É que a Melissa, como futura mãe, preocupou-se com o bem estar da criança, Lídia.
— O quê?!
— Por medo de que viesse a sofrer como Michael um dia sofreu com a doença ela veio até a mim, desabafar.
— Ela é tão estúpida, medíocre e falsa como você, Hamilton. Desde quando todos os filhos têm o mesmo fim que os pais? O mesmo tipo de doença?
— Os que têm caso na família, a maioria... Mas eu a tranquilizei, juro que sim! Agora, se passou pela cabeça dela

149

ter o filho comigo e dizer que era de Michael, bem, eu não lhe dei oportunidade sequer para me falar, insinuar tal objetivo.

Receoso de que Lídia pusesse tudo a perder, agarrei seu braço firmemente e pedi, suplicante:

– Prometa-me, Lídia que não falará mais disso com ninguém.

– Eu não faria isso jamais, porque estimo Michael, mais do que tudo, e você sabe disso. Por isso vou ter de me calar diante dessa cachorrada que você e aquela... foram capazes de fazer.

Suspirei e quando ia tentar me defender novamente ela atropelou minhas palavras, afirmando com força vital:

– Vocês dois não merecem ser felizes. Reforço o que disse: não merecem! Não seria justo!

Engoli em seco, transtornado mais uma vez pelo estrago que tantas mentiras para impedir que os outros sofressem, continuavam a aparecer. A impressão que eu tinha, é que quanto mais se tentava consertar algo por meio de uma mentira mais e mais confusões arranjávamos.

O mais importante naquilo tudo, a meu ver, é que Michael sobrevivera e voltava a ser um cara saudável como antes. Essa era a minha maior recompensa.

Capítulo 12

O Natal e o Ano Novo naquele ano foram bem mais felizes do que esperávamos, afinal, Michael parecia melhorar a olhos vistos, o nascimento do filho e o casamento com Melissa pareciam tê-lo feito mais forte para se recuperar de tudo aquilo. Meu pai estava duplamente feliz por ter dois netos e Cássia, um e também pelas melhoras de Michael. Eu também estava mais contente, afinal, agora, tinha um filho, algo que sempre sonhei e esperava me tornar não somente seu pai, mas seu melhor amigo.

Melissa também parecia mais feliz por ter se tornado mãe e por ver as melhoras em Michael. Assim, decidi, desde então, procurar me afastar dela ao máximo para lhe dar a chance de se apaixonar por Michael pelo convívio. Já dizia minha avó que muitos casais acabam se amando pelo convívio. O amor começa depois que se casam.

Minhas horas livres eu dedicava a meu filho com Edith, na esperança de reconquistar o coração de Edith e sua confiança em mim e, assim, casar-me com ela de uma vez por todas, dar um lar direito ao nosso menino.

Tinha a impressão de que ela voltaria a me ver com os mesmos olhos que me via no passado, amando-me como sempre me amou, porém, Edith ainda se mantinha fria e distante de mim, tanto que na Páscoa, viajou com Ben e os avós para a casa de um parente distante.

Fiquei chateado por não poder passar a data especial com meu filho e, também, por não terem me convidado, mas como era do meu feitio, acabei aceitando os fatos sem zanga.

Fui passar então a sexta-feira santa e o sábado de Aleluia com minha mãe, e o domingo de Páscoa com meu pai e sua família como era de hábito. Rever todos foi novamente uma grande alegria, Michael parecia bem melhor e todos estavam contentes por isso. Notei que havia um quê de tristeza em Melissa, o mesmo que transparecia em meu semblante por ter ficado longe do meu filho na data em questão.

Nos meses que se seguiram, meu trabalho exigiu o máximo de mim e sempre que sobrava um tempo, era com Ben que eu passava. Eu amava meu filho cada vez mais, fora abençoado por tê-lo em minha vida. Jamais pensei que ser pai, seria tão bom.

Refiz minha proposta de casamento a Edith e ela, surpresa, garantiu-me que ia pensar a respeito. Que não queria fazer nada precipitadamente. Aceitei sua decisão e aguardei.

Não sei se foi o excesso de trabalho, ou a solidão que passou a me perseguir nos últimos tempos, mas, para minha desgraça, eu passara a fumar mais intensamente nesse período. Prometia a mim mesmo que na semana seguinte eu haveria de parar de fumar, mas a promessa logo era esquecida. Meus dentes estavam cada vez mais amarelos e os pulmões cada vez mais congestionados.

Os meses precedentes ao dia de ação de graças de 2009 tinham deixado de ser tão confusos quanto os anteriores, eu estava quase certo de que estava realmente conseguindo esquecer Melissa e, isso, era ótimo para mim, para Michael, para todos. Por isso me senti mais à vontade para reencontrá-la ali ao lado de Michael e de todos no dia de ação de graça.

Por ser final de novembro, a neve já caía fria lá fora, branqueando tudo, boa parte dos Estados Unidos, enquanto eu estava na sala de TV da casa de meu pai e Cássia, envolto na fumaça azul de um cigarro cancerígeno, procurando me entreter com os programas da madrugada.

Nada na TV prendia muito a minha atenção, tanto que ficava saltando de canal em canal, como se fosse uma brincadeira divertida. De algum modo eu tentava não ver a inquietação que

parecia me comer por dentro como um verme voraz.
Foi então que Melissa apareceu, pegando-me de surpresa, provocando-me um calor estranho.
— Olá, Melissa...
— Olá, Hamilton...
Palavras me faltaram para dar sequência ao diálogo.
— A neve lá fora... — foi tudo o que me ocorreu para quebrar o clima.
— A neve, Hamilton...
— Sim...
Eu suspirei longamente, baixando os olhos. A voz dela me trouxe outra vez à realidade:
— O tempo passou, Hamilton, mas nós dois ficamos presos no passado, não é mesmo?
Baixei ainda mais os olhos.
— O universo conspirou para que nos uníssemos em Londres. Não fui eu quem pediu aos céus para que isso acontecesse. Se aconteceu, foi porque o destino quis assim.
— Você não é feliz com Michael?
— Como posso se ainda penso em você de manhã, tarde e à noite?
— Eu sou feliz com a Edith.
— Mentira!
— Sou, sim!
— Não seja tolo, Hamilton. Sei bem que já não estão juntos faz tempo. Tanto que ela foi com os pais e o filho de vocês passar a Páscoa longe de você. Também não fez questão de tê-lo em sua casa no dia de ação de graças. E já soube também que estão de viagem marcada para a semana do Natal e Ano Novo.
Ela umedeceu os lábios com a língua e foi em frente:
— A quem você quer enganar, Hamilton?
— É que Edith ainda está chateada comigo pelo que descobriu sobre nós... Mas ela ainda há de voltar para mim, você vai ver, ainda mais agora que temos um filho.
Melissa bufou:

— É a mim que você ama, Hamilton. A mim! Para que negar? Nós temos uma história inacabada...
— Nunca mais repita isso, Melissa! Você me prometeu...
Melissa lançou-me um olhar amedrontado. Pela primeira vez vi o medo dentro dela se insinuar.
— O seu único mal, Hamilton, é amar Michael demais. Você o ama até mais do que eu, por mais incrível que isso possa parecer.
— Eu o amo, mesmo!
— Acho até mesmo que ama seu pai e sua madrasta bem mais do que eu.
— Amo todos por igual.
Quando ela recolheu-se a um profundo silêncio, eu não me atrevi sequer a respirar, por bobeira, sei lá! Instantes depois, ela levantou os olhos e sorriu.
— As pessoas complicam a vida, como se ela não fosse suficientemente complicada. Ah, se eu pudesse deixá-lo de amar... Penso que seria mais fácil mesmo para todos.
— Um dia...
— Lá vem você com sua frase predileta "Um dia...".
— É o que sinto...
Melissa sorriu com alguma tristeza e completou:
— Sabe, Hamilton... Neste ano, cheguei a jurar a mim mesma que não voltaria a mencionar seu nome ou me lembrar do tempo em que vivi ao seu lado.
— Eu me fiz as mesmas juras, Melissa...
— Mas a paixão ainda é mais forte do que tudo em mim e, ao meu redor. Mas eu vou conseguir Hamilton, vou conseguir. Sabe por quê? Porque já estou quase certa de que você não me merece. Michael, talvez, sim, você, não!
Sem mais ela partiu e eu fiquei ali, todo encolhido, como na minha velha infância quando sentia medo do bicho-papão.

No dia seguinte, pela manhã, Lídia me brindou com mais um de seus olhares sinistros. Foi então que admiti:
— Lídia, você está certa. Certíssima! Eu não valho nada,

mesmo! Sou definitivamente o que se pode chamar de um mau-caráter.
— Finalmente você percebeu! Só me pergunto por que pessoas, como você, nascem. Por que Deus permite que pessoas de índole tão torpe como a sua, infestem o planeta?
Acabei rindo do comentário. Disse:
— Você sempre me odiou, por quê?
— Porque abomino pessoas da sua índole.
— Mas antes mesmo de você saber do meu envolvimento com Melissa, você já me odiava.
— Eu pressenti que você, cedo ou tarde, haveria de aprontar uma conosco.
— Foi o desejo...
— Não, Hamilton, foi a sua má índole que causou tudo isso. Alguns nascem com alma de santo, outros... Só me pergunto por que há sempre na família alguém como você. Sempre um "Hamilton" para estragar a harmonia, roubar a paz, complicar as coisas.
— Se eu tivesse a resposta, juro que lhe daria.
Nas semanas que se seguiram, tentei seguir minha vida com o pé direito. Tentando esquecer que Edith viajaria com seus pais e o nosso filho para a casa dos parentes que moravam num estado distante. Passar as festividades de fim de ano sem meu filho seria chato, mas eu, para evitar encrencas, acabei concordando com aquilo, fingindo bom grado.

A véspera de Natal passei com minha mãe e o segundo marido dela e os parentes de ambos e foi divertido, a não ser o fato de eu tentar a todo custo, esconder minhas tristezas por me ver só, sem meu filho e uma mulher com quem eu pudesse definitivamente construir meu futuro. No dia de Natal, almocei na casa de meu pai e decidi não me estender muito por lá para que não notassem minhas amarguras.
No Ano Novo, decidi passar sozinho em Turtle River, havia muito trabalho acumulado, e me entregar a ele ajudava a apaziguar a solidão que me consumia a alma. Tive apenas

155

um desejo durante a passagem de ano: começar o novo ano com o pé direito.

Já era março de 2010, quando Melissa apareceu de surpresa em minha casa em Turtle River. Sua chegada me deixou assustado e confuso. O motivo que a fez voar até lá deveria ser sério, muito sério.

— Melissa?!
— Eu preciso falar com você, Hamilton.
— Aconteceu alguma coisa com Michael ou com o Jacob?
— Eles estão bem, Hamilton. Estou aqui para falar de nós — respondeu ela, decidida.

Ela fez uma pausa, respirou fundo, mergulhou ainda mais fundo os olhos em mim e disse, afiada:
— Michael já está praticamente totalmente recuperado, Hamilton. O transplante foi um sucesso. Sua recuperação extraordinária. Eu me casei com ele, como ele queria, como você queria, como todos queriam. Dei-lhe o filho que ele também tanto quis, fiz, enfim, tudo pelo bem de Michael, quando ele mais precisou. Agora, chega! Para mim, chega!
— C-como assim? — gaguejei.
— Agora é a minha vez de ser feliz e de uma vez por todas. E como eu o amo, ainda o amo, o que não deveria ser, pois como já lhe disse, cheguei à conclusão de que você não me merece... Mas, enfim, o coração é mesmo um tolo, imbecil, bem... Vim aqui para saber se realmente podemos finalmente ficar juntos. E então, o que me diz?
— Eu pensei que nesse tempo, convivendo com Michael, você pudesse ter se apaixonado por ele.
— Hamilton, você é bobo? Tá mais do que na idade para saber que não é assim que acontece. Um grande amor não se apaga assim. O seu, por mim, apagou, por acaso?

Permaneci mudo e ela foi adiante:
— Você quer acreditar que sim, faz de tudo para que morra e eu lhe pergunto: morreu? Pense em você pelo menos uma

vez na vida. Pense em nós! O que podíamos fazer por Michael e por todos, já foi feito. Ninguém faria tanto!
— Você ainda vai se apaixonar por ele, Melissa.
— Deus meu, você não ouviu nada do que eu acabei de dizer?
— Dê mais um tempo junto ao Michael. Agora, vocês têm um filho, juntos!
— Eu não posso te garantir que o filho seja de Michael, Hamilton.
— O quê?!
— É isso mesmo o que você ouviu. Quando eu o procurei para me desabafar contigo, falar dos temores que eu tinha para com o filho que eu viesse a ter com Michael, bem, nós... Você sabe...
O mundo pareceu desabar mais uma vez sobre a minha cabeça.
— Não pode ser...
— Pode. Pode sim. E eu não sinto muito não, Hamilton. Não mesmo!
— Se Michael souber da possibilidade de o filho não ser dele, meu Deus... Vai se sentir duplamente ferido.
— É só nele e na sua família que você pensa? E no estrago que nosso caso de amor pode causar a eles? Você precisa ser um pouquinho mais egoísta, Hamilton. Devemos considerar os outros, sim, sem esquecer de nós mesmos.
— Melissa, por favor, eu te imploro, não conte nada.
— Chega, Hamilton! Para mim, chega!
— Melissa!
Houve nova pausa antes de ela insistir:
— E então, Hamilton, o que me diz? Voei até aqui para saber de uma vez por todas como ficamos nós.
Senti certa náusea.
— Ainda é cedo para ficarmos juntos, Melissa.
— Por quê?!
— Você sabe o porquê.
— Você não me ama como pensou que me amava, é

157

isso?
— Não é isso... Você sabe que não é...
— Tudo não passou de uma aventura para você, não é mesmo, Hamilton?
Lancei-lhe um olhar desesperado. Ela sacudiu a cabeça decepcionada.
— Dizem que uma mulher nunca se engana em relação a um homem apaixonado por ela, mas eu me enganei. Eu queria dizer a ela que estava enganada. Que minha paixão por ela era verdadeira, sim, e ainda continuava a devorar meu coração, incansavelmente.
— Tudo não passou de um sonho... um delírio, um êxtase prolongado — continuou ela, distraída.
Não havia mais decepção no seu olhar, só tristeza. Senti o estômago embrulhado e desviei os olhos. Não suportaria encarar seus olhos tão lindos por muito mais tempo, eles me feriam até mesmo a alma, faziam me sentir um crápula.
Com pouca ou nenhuma esperança de êxito, falei:
— Guardemos o nosso amor, a nossa paixão para algum lugar no futuro.
— Você quer que eu passe o resto da minha vida, amando em silêncio?
Sua voz era um sussurro arrastado.
— Amando em silêncio, sim, Hamilton, porque é assim que me faz sentir desde que me apaixonei por você.
Melissa pôs-se a rir com amargura.
— A vida é mesmo insana...
Olhei em volta e ela assentiu com o olhar subitamente iluminado:
— Insana, sim, a vida é mesmo insana — repetiu. — Adeus, Hamilton. Adeus!
Dei um passo à frente, distante o suficiente para sentir seu perfume e, até mesmo, o calor emanado pelo seu corpo lindo.
— O que você pretende fazer? — perguntei com um fio de

voz.

Ela, olhando fixamente em meus olhos, com certa frieza agora, respondeu sem titubear:
— Eu pretendo parar de sofrer, Hamilton. Amar em silêncio é o mesmo para mim que sofrer em silêncio. Adeus.

Sem mais ela partiu com passos determinados e eu fiquei ali a tremer por dentro, receoso do que ela pudesse vir a fazer.

Deus meu, quando eu penso que tudo poderia finalmente entrar nos eixos, mais complicações consigo. Que vida!

Capítulo 13

No dia seguinte, ao chegar do trabalho, encontrei Michael aguardando por mim.
– Michael! O que houve?
– É Melissa. Só a menção do nome de Melissa, modificou a cor do meu rosto.
– Ela me pediu o divórcio. Ama outro. Um cara que ela conheceu pouco antes de se casar comigo. Sua voz era arenosa e ferida. Arrastava as palavras e soava apagada e distante, como os discos de 78 rotações.
– Ela me disse mais e acho que isso foi o que mais doeu em mim. Que ela só se casou comigo porque eu estava à beira da morte. Para realizar meu sonho de casamento. Por medo de que se me dissesse a verdade, eu ficaria pior do que já estava.
Perdi a fala.
– Vamos entrar.
Entramos e preparei algo para bebermos.
– Tome.
Michael aceitou a sugestão e quando percebi que estava mais calmo, procurei falar de amenidades. Foi quando fui ao banheiro que meu celular tocou e Michael o atendeu porque achou que devia.
– Alô.
Ele logo reconheceu a voz de Melissa do outro lado da linha.
– Hamilton... Estou ligando só para confirmar quanto ao que você pensa sobre nós. Vai continuar essa mentira ou

assumir diante de todos o seu amor por mim, o nosso amor tão lindo?
Michael perdeu a fala.
– Hamilton – chamou Melissa.
Ele desligou. Ao voltar à sala, colidi com a triste e desesperadora realidade.
– Meu celular tocou?
Ao vê-lo na mão de Michael, franzi o cenho.
– Eu atendi a ligação.
– V-você...
– Sim. Era Melissa só que ela pensou que eu era você.
Branqueei.
– Você... – balbuciou Michael –, você é o cara por quem Melissa se apaixonou.
– Michael... – gemi.
– V-você...
– Michael, não é nada disso...
– Eu ouvi ela dizer... Estava dando um ultimato a você quanto ao amor de vocês dois.
– Michael...
– Quando e onde vocês se apaixonaram?
– Sente-se.
– Não quero me sentar. Quero que me responda: Quando e onde vocês...
Não foi preciso eu responder.
– Não me vai dizer que foi em Londres...
Gelei e ele também.
– Foi, não foi?
Gelei ainda mais.
– Foi em Londres enquanto ela e você estavam estudando por lá.
– Michael, por favor...
As palavras morreram nos meus lábios.
– É verdade, não é?
– Michael, por favor...
– É verdade, não é?

161

Engoli em seco.
— Assuma!
Assenti, evitando o seu olhar, envergonhado.
— Eu não queria, Michael. Juro que não! Mas Melissa me encantou com sua beleza tão diferente das jovens que conheci. Era bem mais do que isso...
Ele me interrompeu:
— É porque ela era virgem, não é, Hamilton? Você sabia, eu havia lhe contado.
— Não, Michael, juro que não! Simplesmente aconteceu!
— Talvez porque ela fosse proibida, não é Hamilton? O que é proibido é mais gostoso, não é o que dizem?
— Perdoe-me Michael. Quando eu vi, já era tarde demais para voltar atrás. Por favor, perdoe-me!
Minhas últimas palavras se perderam no choro. Um choro convulsivo, dolorido e desesperador.
— Foi ela, Michael... Foi a maldita paixão, o maldito desejo da carne que destruiu nossas vidas. Aquele desejo intenso de seduzir e possuir o sexo oposto. É sempre ele que está por trás de todas as relações que acabam em ruínas. Se eu não tivesse me encantado por Melissa como me encantei; se você não a tivesse amado como amou; se ela não tivesse se deixado seduzir por mim e me seduzido, nada disso teria acontecido. Nada. Simplesmente nada.
— Você era o meu irmão adorado. O cara em que eu mais confiava no mundo.
— O cara no qual ainda pode confiar. Eu fiz e faço sempre tudo por você, Michael. Por sua felicidade.
Ele deu um passo à frente e eu recuei. Nunca tinha sentido tanto medo na vida. Michael, então, deu meia-volta e partiu.
— Michael! – chamei. – Por favor, espere!
— Eu odeio você, Hamilton! – berrou ele enquanto se afastava.
Ao tocar seu ombro, ele voltou-se para mim com o punho fechado e acertou meu nariz com toda força, deixando-me totalmente às escuras.

Quando minha vista se desanuviou, encontrei-me ofegante apoiado nas paredes. Sentia-me como uma marionete quebrada. Levei os dedos à boca. Ainda sangrava.
– Michael... – balbuciei.
Diante do seu desaparecimento, saí para a rua, cuspindo sangue e respirando aceleradamente pela boca. Ventava frio naquele dia e o vento fizera aderir o meu corpo às roupas empapadas de suor, provocado pela tensão. O corte na cara me queimava. Ao avistar Michael, seguindo ao longe, andando pelo meio da rua, na direção que levava ao píer, corri atrás dele.
Quando o alcancei, falei chorando:
– Michael, por favor.
Ele parou e quando vi seu rosto pálido e seu olhar amargurado voltar-se para mim, senti meu coração se partir.
– Responda-me, Hamilton, com sinceridade... Você e Melissa chegaram a... Antes de eu me casar com ela?
Meu rosto perdeu ainda mais a cor diante da pergunta. Nem foi preciso responder, meu embaraço entregou tudo.
– Como você pôde fazer isso comigo? Eu seria o seu primeiro homem. Ela se guardara para mim...
Michael soltou uma risadinha cínica, explodindo de raiva.
– Você é realmente um canalha. Um imprestável. Não é à toa que Lídia nunca gostou de você.
Ele fez o que seu instinto de homem considerava procedente. Deu-me outro soco no rosto, com toda força de que dispunha. Depois mais um no meu estômago, outro, e mais outro... Perdi o fôlego e a capacidade de me proteger de seus murros, dos quais eu tentava me safar em vão. Eu havia me tornado um filho nas mãos de um pai, que recebe as palmadas sem se defender, totalmente submisso. Ele só parou quando percebeu que um soco a mais me mataria.
A surra havia acabado, mas ainda restavam seus olhos cheios de desprezo, chicoteando-me até a alma. Então, ele, subitamente, começou a correr e eu fui atrás dele, ainda que trôpego até alcançá-lo no píer.

Ele estava parado ali, com o olhar perdido na vastidão do mar, lacrimejando, sem parar. A raiva que Michael sentia por mim era assustadora.
— Eu amei Melissa desde a primeira vez em que a vi. Ela seria minha, só minha... Casar-nos-íamos, teríamos filhos e seriamos felizes para sempre. Seria tudo perfeito, simplesmente perfeito como nos romances e contos de fada. Mas não foi.
— A vida quis assim, Michael.
— A vida? Que vida é essa de que fala tanto?
— Eu quis dizer o destino, Michael. O destino quis assim.
— Destino?
— O mesmo que fez seu irmão. O mesmo que lhe estendeu a mão quando mais precisou.
— O mesmo que roubou a mulher da minha vida, não é, Hamilton? Que não teve respeito por mim, pelos meus sentimentos.

Baixei a cabeça e ele, então, num novo acesso de fúria, voou novamente para cima de mim, enquanto rugia alto, um rugido vindo das profundezas do ser. O impacto do corpo dele contra o meu, fez com que eu batesse minhas costas contra a amurada de madeira que havia ali para proteger os visitantes e pescadores de cair no mar por um descuido qualquer. Por uma das vigas estar podre, partiu-se e eu caí ao mar.

Só percebi o que havia acontecido ao me ver dentro da água gelada, buscando desesperadamente a superfície. Depois de tantos golpes eu não tinha como lutar contra a água, ondulante, jogando-me contra as vigas que sustentavam o píer.

Michael então saltou do píer, usando uma boia que pegara lá em cima, reservada para emergências. Ele jamais deveria ter pulado naquela água gelada de doer, sua imunidade ainda não era cem por cento eficaz, devido ao tratamento da leucemia. Michael então me estendeu uma boia que levara consigo e me ajudou a sair dali. Logo fomos assessorados por dois salva-vidas.

Quando deixei o mar, estava congelado até a alma. Tremia

da cabeça aos pés e meu queixo batia desenfreadamente. Michael parecia mais calmo, aconchegado num roupão cedido pelo departamento dos salva-vidas.

Assim que chegamos a minha casa, cada um tomou um banho quente e Michael vestiu roupas minhas que lhe emprestei. Depois seguimos para a sala onde bebi um gole de uma bebida forte na esperança de acalmar de vez os meus nervos. Salpiquei então algumas gotas do líquido nas minhas feridas abertas pelos socos, o que me fez ver estrelas na noite mais escura da minha vida.

Ao ver Michael largado no sofá, parecendo tão sem vida, senti meu coração se despedaçar novamente.

– Há tempos que eu já havia chegado à conclusão de que Lídia sempre esteve certa... Eu não valho mesmo nada.

Michael permaneceu quieto diante do meu comentário. Achei por bem respeitar o seu silêncio. A verdade é que ele tentava se acalmar da mesma forma que eu tentava e não conseguia. O eco dos socos caindo sobre mim continuavam a martelar nos meus ouvidos. E eu também não conseguia tirar da cabeça as palavras que ele usou. Acho que jamais conseguiria. Eu nunca me sentira tão canalha em toda minha vida.

Receei que todo o ódio e revolta que Michael estava sentindo por mim, o consumissem lentamente quando se conscientizasse de tudo que havia se passado de verdade entre mim e Melissa e isso afetasse sua saúde.

Então, o silêncio rompido apenas por nossa respiração pesada, rompeu-se pela voz amargurada de Michael:

– O que a vida quer com tudo isso, Hamilton?
– Eu não sei, Michael... Juro que não sei...
– Será que um dia teremos a resposta para todas as perguntas que fazemos à vida?
– Sinceramente, não sei. Prefiro acreditar que "sim".

Éramos dois corações apaixonados pela mesma mulher, no fundo, ainda éramos, o que era surpreendente apesar de todo sofrimento que a paixão nos causou.

Fez-se um novo interlúdio silencioso, até que Michael,

165

parecendo menos amargurado, falou:
— Eu estava aqui pensando...
— Diga, Michael, o que é?
— Cheguei a uma conclusão que pode ser boa para todos nós.
Havia entusiasmo agora em sua voz.
— Diga, Michael, por favor. Faço tudo o que me pedir. Eu juro.
Ele inspirou fundo o ar e disse:
— Você pretendia se afastar dela, não é? Foi por isso que ela te ligou.
— Sim.
— Então não conte nada para ela, Hamilton.
— Contar?! — arqueei minhas sobrancelhas. — Do que está falando, Michael?
— Da verdade, Hamilton. Deixe Melissa por fora da verdade. Deixe ela continuar pensando que eu não sei de nada sobre vocês dois.
— Mas...
— Sim, Hamilton, por favor! Eu vou fingir que nada sei e vou também procurar esquecer o que houve entre vocês... Assim, tudo vai voltar às boas entre mim e ela, você vai ver. Com você se afastando dela definitivamente, Melissa vai então poder me ver totalmente às claras.
— Michael, meu irmão, eu gostaria que tudo se encaixasse tão fácil da forma que diz, mas...
— Precisamos tentar, Hamilton, por favor! Eu amo Melissa, sou louco por ela, sem tê-la ao meu lado, bem, eu nem sei o que é viver.
— Oh, meu irmão... A última coisa que eu queria no mundo era vê-lo sofrer dessa forma.
— Acho mesmo que nasci para sofrer. Pensei que a doença seria o ponto máximo do sofrimento em minha vida, mas agora percebo que não foi. Há outros piores.
— Quem vai entender a vida, Michael?
Ele fez ar de consolado e um sorriso voltou a despontar

em sua face amargurada:
— Se fizermos o que digo, nossas famílias continuarão unidas, o que é maravilhoso, não? Mais do que isso, Jacob, meu filho adorado, continuará ao lado dos pais que tanto ama. Você e Edith e Ben também poderão permanecer juntos, o que será melhor para todos. Oh, Hamilton, façamos o que eu digo. Será melhor!
— Está bem, Michael, se para você é melhor assim, assim será.
— É o melhor para todos, Hamilton. Para todos!
— Mesmo...
Meu tom chamou-lhe atenção.
— Mesmo?
Baixei a cabeça, não consegui encará-lo para dizer:
— Mesmo que Melissa não o ame intensamente... Mesmo assim você a quer ao seu lado?
Ele não esperava por aquela observação. Foi tão forte que me arrependi amargamente de ter feito.
— Eu tinha de dizer, Michael — prossegui ainda que inseguro.
— Porque também não acho justo que você viva ao lado de alguém que não o ame tão intensamente quanto deveria.
— É em mim mesmo que você está pensando ou em você, Hamilton?
— Em você, Michael. Em você!
Ele fez silêncio por um, dois minutos. Quando voltou a me encarar, seus olhos lacrimejavam novamente:
— Com você longe de Melissa, evitando qualquer tipo de aproximação, vou fazê-la me amar tão loucamente quanto parece amar você, Hamilton.
Suas palavras foram ditas com tanta ênfase que me impressionaram. Ele estava mesmo decidido àquilo e faria o possível para atingir sua meta. O que combinamos nessa hora foi como um pacto. Um pacto de sangue.

Michael voltou para sua casa como se nada tivesse acontecido. Ao rever a esposa adorada, com o filho no colo,

sorriu e o pegou.
— Como vai o meu meninão?
Fez uma careta para o garoto e, voltando-se para a esposa, falou:
— Me dê mais uma chance, Melissa. Mais alguns meses só, por favor. Quem sabe nesse tempo, a gente não acerta os ponteiros. Façamos isso pelo nosso filho, eu lhe peço.
Ela baixou a cabeça e deixou o aposento sem nada dizer. Naquela noite, Michael ocupou o quarto do menino para dormir.

No dia seguinte, ela me procurou logo pela manhã e, foi assim, que tomei conhecimento desses detalhes.
— Melissa?! — espantei-me ao vê-la.
— Preciso falar com você, Hamilton. Agora, sem falta.
— Aconteceu alguma coisa com Michael?
— Michael, Michael, Michael... é só nele que você pensa, Hamilton?
Engoli em seco.
— Hamilton, será que você pode esquecer o Michael por um minuto?
— Você está muito nervosa, Melissa, é melhor tomar um chá.
— Vou ficar ainda mais irada se você não me deixar falar!
Suspirei.
— Está bem, diga.
— Tomei uma decisão essa noite. Atravessei a madrugada inteira pensando numa solução para nós: para mim, para você e para Michael. Só há um modo de ele se desapegar de mim. Não querer me ver mais nem pintada de roxo. É se ele souber a verdade. Se souber tudo o que vivemos em Londres e depois. Então ele vai se decepcionar tanto comigo que nunca mais vai querer me ver.
— E vai se decepcionar comigo também.
— Posso dizer que meu grande amor foi outro cara, um irlandês que conheci durante o curso em Londres e, assim, o

168

poupo dessa.
— Ele é capaz de lhe perdoar mesmo assim, Melissa.
— Impossível. Homem nenhum suportaria uma mentira dessas.
— Michael suportaria, Melissa.
— Não, Hamilton. Ele não pode me amar tanto assim, me amar a esse ponto.
— Ama!
Ela ia dizer mais alguma coisa, mas calou-se, algo em minha face a fez se conter.
— O que há? Você parece saber de algo que não sei...
— Melissa, Michael já sabe de tudo.
— O quê?
— Sim. Ele atendeu o meu celular ontem quando você ligou.
— Era ele?
— Sim.
Ela estava chocada.
— Mas quando ele voltou para casa ele me parecia tão...
— Apaixonado como sempre?
— Sim. Apaixonado como sempre.
Suspirei e lhe contei o que Michael me pediu.
— Quer dizer, Hamilton, que você iria mentir para mim? Para ajudar Michael você iria mentir para mim?
— Melissa eu só quero ajudar...
— Ajudar Michael, não é? Eu, pelo visto, pouco importo para você. O que sinto por você, o que você sente por mim, nosso amor nossa paixão, nada vale.
— Melissa!
— Sabe de uma coisa, Hamilton, você não é mesmo para mim. Talvez Michael seja o homem certo para mim. Você me decepciona, Hamilton. Na verdade, tem me decepcionado sempre, só agora percebo isso. Em suas mãos o nosso amor fica sempre em segundo plano. É sempre sacrificado pelos outros.
— A vida é feita de sacrifícios, Melissa.

169

— Só da nossa parte?
— Melissa você está nervosa.
— Estou é irritada, Hamilton. É melhor fazer o que Michael sugeriu.
— Quer dizer que você vai fingir também que nada sabe.
— Hamilton, refiro-me à parte em que ele pediu para você me evitar e ficar longe, bem longe de mim. Pois saiba que eu farei o possível e o impossível, de agora em diante, para cumprir isso.

Sem mais, ela partiu e eu fiquei ali entregue mais uma vez a outro caos emocional.

Capítulo 14

Ao visitar a casa de Edith, para ver meu filho, tive nova surpresa. Foi a própria Edith quem me atendeu à porta.
– Que bom que veio, Hamilton. Estava mesmo precisando falar com você.
– O que foi? – estranhei sua reação. – Jacob não está bem?
– Está sim, lá dentro com a minha mãe. Vou buscá-lo.
– Depois. Primeiramente quero ter uma conversa séria com você, Edith. Pode ser?
– Eu também quero lhe falar, Hamilton. Entre. Sente-se. Quer beber algo? Eu preparo.
Sentei-me. Houve um silêncio tenso e constrangedor por quase três minutos consecutivos.
– Bem, eu vim lhe propor casamento novamente, Edith.
Ela riu.
– O que foi?
– Desculpe-me, é que esse papo seu já se tornou cômico. Parece até um stand up comedy.
– Bem... – limpei a garganta. – O que acha da ideia?
Ela riu novamente.
– Rindo assim, Edith, você faz com que eu me sinta um tolo.
– E é, Hamilton. Pode ter certeza que é.
Por um segundo me perguntei se havia ouvido certo.
– Sou?!
– É, é, sim! Será que ainda não percebeu que a nossa história já acabou faz tempo?
– Acabou?!...

– É isso mesmo o que você ouviu, Hamilton! Nosso história acabou e faz tempo!
Não, eu só podia estar ouvindo coisas, Edith lutou pelo nosso amor, quase enlouqueceu quando soube do meu envolvimento com Melissa e agora dizia aquilo da forma mais natural do mundo.
– Pois para mim não acabou, Edith.
– Não seja tolo, Hamilton.
– Mas você me queria tanto...
– Sim, muito. Era louca por você e continuei sendo até perceber que não suportava mais olhar para sua cara e ver em seus olhos, bem no fundo deles, você amando em silêncio, outra mulher: Melissa Broadbent.
Ela suspirou antes de prosseguir:
– Deus meu, Melissa estava lá, presa em seu interior, em seu coração, e eu queria estar ali, no lugar dela porque assim desejava o meu coração, a minha alma, a minha loucura.
Nova pausa antes de continuar:
– Percebi, então, que se Melissa, depois de todos os empecilhos que vocês viveram e viviam ainda se amavam... Eu disse a mim mesma: eu quero um amor igual! Capaz de enfrentar tormentas, distâncias, tudo... Um amor ou paixão, como queira chamar, que apesar dos pesares, não morre.
As palavras dela, especialmente as últimas me tocaram fundo.
– Você só quis se casar comigo, depois de tudo, por pena, por querer ficar bem na foto como se diz. Para ser diplomaticamente correto. Fez também por se sentir culpado por ter me desvirginado, prometendo-me jamais se separar de mim, o que não pôde cumprir após se apaixonar por Melissa.
Ela fez uma pausa e continuou ainda mais enfática do que antes:
– Agora eu sei, Hamilton... Sim, agora eu sei.
– Sabe?
– Sim, Hamilton. Agora eu sei, é bem nítido dentro de mim, em minha mente e em meu coração que só o forcei a se casar

comigo daquela vez e fiquei com um ódio mortal de você, depois de descobrir tudo entre você e Melissa, por medo, medo com letra maiúscula.
— Medo?!
— Sim, Hamilton, medo! Medo de não conseguir encontrar e conquistar outro homem para amar, o que já é difícil para muitas mulheres, ainda mais com um filho nos braços. Ela suspirou, nervosa.
— Sim, Hamilton, essa é a minha verdade. Eu tive medo de não conseguir me casar como sonha toda mulher. Medo de ficar mãe solteira para sempre. Medo de ser mal falada pela família e medo dos meus pais passarem vergonha por minha causa. Medo, medo, medo!
Ela suspirou novamente.
— Ah, Hamilton, não era dessa forma que eu queria viver. Não, não, não! Só me casaria com você para evitar todos os medos que me apunhalavam desde então, não seria por amor. E é por amor que eu quero estar ao lado de um homem. Simplesmente por amor.
— Mas você me amava, Edith. Ainda ama, não?
— Aí é que está. No dia em que descobri que você e Melissa tinham tido um caso em Londres, enquanto eu ficava aqui feito uma boba, pensando em você, rezando por você, suspirando por você, penso que esse amor morreu.
— Mas você me amava tanto...
— E você também, lembra? Todavia, o seu amor por mim foi degolado por uma paixão fulminante que aconteceu em poucos dias de convivência com Melissa Broadbent.
— Bem...
— É verdade, Hamilton. Aceite isso!
— De fato, é verdade... Em todo caso, sempre estive disposto a sublimar essa paixão por Melissa por sua causa, Edith.
— E também por Michael.
— Sim.
— E por sua família.

173

— Também.
— Aí é que está, Hamilton. Você se viu disposto a sacrificar o seu amor por Melissa, pelo bem de todos, ainda assim o seu amor por ela continuou dentro do seu coração.
Fiquei sem palavras. Ela, parecendo-me menos ansiosa, prosseguiu:
— Eu o forcei a se casar comigo, naquele dia, após aquela passagem insana pela médica que me faria um aborto, por causa também do nosso filho... Queria dar-lhe um lar de pais unidos, não separados. Não queria que ele viesse a sentir vergonha de seu nascimento quando estivesse mais crescido. Mas teria sido também tolice nos casarmos por isso, afinal, um dia nosso filho se tornaria adulto e se apaixonaria e compreenderia que a vida nem sempre segue o que planejamos. Que dá voltas e voltas sem nos avisar; e, nessas voltas, temos muitas vezes que recomeçar a viver, encontrar novas formas de sermos felizes, especialmente em relação às reviravoltas e imprevistos do coração.

Ela tomou ar e após breve pausa, completou:
— Havia outro porém, caso nos casássemos, Hamilton. E esse era o que mais me destruiria. Saber que eu poderia ser trocada por Melissa a qualquer minuto. Pois eu sabia e você também, que isso poderia acontecer assim que surgisse uma oportunidade para você e ela se unirem.

Os olhos dela lacrimejaram.
— Sabe, Hamilton, não sou mais do que ninguém, mas também não sou menos. Quero ser feliz inteiramente e você também quer. Então façamos um favor para ambos: vamos nos dar a chance de refazer nossa história, dessa vez sem cometer os mesmos erros.

Fez-se uma pausa até eu dizer:
— Eu nunca irei ficar com Melissa, Edith. Ela já não vê mais com os mesmos olhos de antes e penso que foi melhor assim para ela, Michael e Jacob.
— Quando Michael perceber, vir nos olhos dela que a chama da paixão que brilha no globo ocular de cada um, não

é por ele...
— Ele já sabe de tudo e, mesmo assim, a quer, Edith. Ele a ama tanto...
— Se ele continua a amá-la por amor mesmo, puramente amor, é algo esplêndido e admirável. Se for por medo, por todos os medos que citei há pouco, então ele precisa despertar para isso, para que seja realmente feliz. Não creio que alguém possa ser verdadeiramente feliz, mantendo-se ligado a um relacionamento por medo de acabar só. Ainda mais se quiser conhecer realmente as profundidades de um amor verdadeiro.

Fiquei pensativo por um minuto ou dois e disse:
— Confesso que estou surpreso com suas conclusões, Edith.
— Eu também fiquei, Hamilton e agradeci aos céus por ter chegado a elas.
— O que a fez perceber tudo isso, Edith? Aconteceu algo de diferente para que você pudesse chegar a essas conclusões ou simplesmente elas emergiram, assim, de uma hora para outra?

Ela sorriu, vibrante:
— Elas começaram a emergir, como você mesmo diz, Hamilton depois que eu conheci outro cara.

Eu não esperava por aquela resposta. Arrepiei-me.
— Foi quando eu fui passar a Páscoa com meus pais e Ben na casa de meus parentes no estado da Virgínia, lembra-se? Na verdade, eu já tivera a oportunidade de conhecê-lo quando estive lá, ainda grávida, procurando pôr a cabeça no lugar. Na época não me dei conta de que ele se interessou por mim, acreditava piamente que nenhum outro homem se interessaria por uma mulher grávida como eu, ou com um filho nos braços como em breve aconteceria.

Um sorriso levemente discreto despontou em sua face, como se recordasse de algo bom e ao mesmo tempo triste.
— Nessa última vez em que estive lá — continuou ela, firmando novamente a voz —, ele se declarou para mim e foi o

175

que me fez refletir e chegar as conclusões que compartilhei com você. Voltei de lá disposta a arriscar meus medos e receios por uma vida que poderia vir a ser feliz. Se eu errasse novamente, paciência. A vida é feita de erros e acertos, não é mesmo?

Ela esboçou novo sorriso e completou:

— Desde então nos falamos por celular e trocamos e-mail direto. Vamos no casar no mês que vem numa cerimônia simples e...

— Quer dizer que você vai se mudar para o estado da Virgínia?

— Sim, Hamilton e é por isso que precisava lhe falar.

— Mas e o nosso filho, Edith?

— Aí é que está, Hamilton. Ele irá comigo.

A decisão dela cravou-se em meu peito como um punhal afiado. A possibilidade de vê-lo, morando longe de mim, era dolorida demais.

— Espero que me compreenda, Hamilton, e aceite o fato sem me criar problemas, por favor. É só o que lhe peço. Um dia, quando Jacob for maior, quando o poder de amar e se apaixonar forem despertos em seu coração, ele vai compreender a nós dois. Pode ter certeza.

Assenti, ela tinha razão novamente.

— Penso que você e Melissa deveriam mesmo é ficar juntos — continuou ela, após breve pausa. — Vocês ainda se amam e acho que sempre vão se amar não importam as reviravoltas da vida. É um daqueles casos de amor raro de se encontrar no mundo, capaz de suportar tudo, as piores crises, as tempestades da alma e do coração.

— Como lhe disse, ela já não quer mais nada comigo, Edith. Penso que é melhor que seja assim.

Ela fez ar de quem sente muito.

Ao reencontrar meu filho, senti na alma a dor de ter de me distanciar dele. Morando em outro estado com a mãe, nossos encontros se resumiriam a um, dois, três, ao ano. Eu sabia que de nada adiantaria lutar na justiça para ter a guarda do menino; aquilo só serviria para complicar ainda mais as nossas vidas, por isso, aceitei, sem problemas, que Edith ficasse com o garoto. Além de tudo era uma excelente mãe, em suas mãos Ben estaria em plena segurança. Quanto à saudade que sentiria dele, essa parte, como muitas, eu teria também de aprender a lidar ao longo da vida.

Voltei para minha casa, repassando, repetidas vezes, o que Edith me falara. Só então percebi o quanto a verdade teria evitado confusões em proporções gigantescas. Se eu e Melissa tivéssemos dito a verdade, desde o início, como ela me sugeriu, tudo teria sido muito mais fácil mesmo de se encarar e de se levar. Só agora eu percebia que de fato, a verdade liberta mesmo todos.

O que me consolava agora era a possibilidade de Michael vir a ser finalmente feliz ao lado de Melissa e, quanto a mim, bem, eu haveria de encontrar a felicidade noutro lugar, de alguma forma, com outra mulher, quem sabe...

No dia seguinte tive outra surpresa da vida: fui demitido. Eu não esperava por isso, foi outra apunhalada do destino em minhas costas. Passei imediatamente a enviar currículos para outras empresas, enquanto Edith se preparava para se mudar com Jacob para o estado da Virgínia onde se casaria, esperançosa de encontrar finalmente êxito numa vida a dois.

Vê-la partir com nosso filho foi dolorido demais, chorei um bocado abraçado a ele no aeroporto. Assim que o avião decolou, meu ex-sogro aproximou-se de mim e num tom severo, disse:

— Tudo o que você está passando na vida, Hamilton, você merece!

Eu me mantive calado, voltei para o estacionamento, cabisbaixo, e para a casa cujo aluguel pesava cada dia mais em meus bolsos. No dia seguinte, meu carro foi levado devido aos meses de atraso no pagamento. Sem emprego há meses, estava a zero. O pior é que não conseguia emprego de jeito algum. Nem em Turtle River nem em Seattle. Porém em Seattle, por ser uma metrópole poderia ter bem mais sorte do que

177

numa cidade pequena, por isso decidi voltar para a casa da minha mãe, assim que ela consentiu o meu retorno. Poderia ter pedido ajuda a meu pai, mas não seria justo, ele já tinha muito para sustentar.

Da mobília da casa vendi boa parte, o que não consegui, dei e com o dinheiro arrecadado tomei um voo para Seattle. Depois de ajeitar o pouco que levei comigo, na casa de minha mãe, fui visitar meu pai. Foi então que lhes contei sobre a mudança de Edith e Ben para outro estado, do seu casamento com outro cara e eu, quando estava prestes a contar sobre a minha volta para a casa de minha mãe, Lídia resolveu dar com a língua nos dentes, contando o verdadeiro motivo que fez Edith se desinteressar de mim.

Meu pai e Cássia agora me olhavam enojados.

– Você e Melissa em Londres... – balbuciou Cássia, olhos vermelhos de decepção.

– Hamilton... – balbuciou meu pai.

– Michael já sabe do meu envolvimento com Melissa – tentei me defender –, e, mesmo assim, optou por ficar com ela. Melissa também me parece agora disposta a ficar com ele, depois de eu ter decidido não lhe dar mais nenhum tipo de esperança quanto a nós dois.

Pensei que Lídia não diria mais nada, mas me enganei. Ela estava mesmo decidida a destruir minha imagem, de uma vez por todas, diante de meu pai e minha madrasta.

– Hamilton e Melissa fizeram algo pior – continuou Lídia, parecendo saborear cada palavra.

Olhei suplicante para ela, mas foi em vão. Ela imediatamente contou sobre a possibilidade do pequeno Ben ser filho meu com Melissa e não dela com Michael. E explicou as razões.

Tentei me defender novamente, mas Cássia me cortou, áspera:

– Faz-me um favor, Hamilton... Vá embora! E, por favor, nunca mais volte a esta casa.

Cássia deu um grito de desespero e ódio, e deixou o cômodo, seguida por Lídia. Meu pai voltou-se para mim e disse

178

com todas as letras:
— Que decepção, Hamilton... Quanta decepção...
— Pai...
— É melhor você ir, Hamilton. Antes que Cássia tenha um treco. Antes que eu tenha um treco. As lágrimas agora escorriam por minha face.
— Papai, por favor...
— Vá, Hamilton...
Eu não sabia que rumo tomar, em todo caso atendi sua exigência. Não tive nem tempo para lhe contar sobre o emprego que perdi e as consequências agravantes por isso. Pensei, logicamente em procurar Michael, mas Melissa estaria lá e bem, nós três juntos, não mais poderíamos habitar o mesmo espaço. Voltei então para a casa de minha mãe, ansiando por seu colo inconfundível de mãe.
Enquanto seguia para lá, as palavras de meu pai voltaram a ecoar em minha mente. "Que decepção, Hamilton... Quanta decepção...".
Soube, tempos depois, que quando Michael chegou à casa de papai e de Cássia e, achou todos se comportando muito estranhamente, quis saber o que houve. Lídia contou-lhe então tudo o que havia acontecido.
— Mas mamãe, a senhora mandou Hamilton embora? — espantou-se ele. — E o senhor, papai?
— Filho, Hamilton me decepcionou tanto que...
Quando Michael deixou a casa, disposto a vir atrás de mim, Lídia o segurou.
— Lídia?!
—Michael, afaste-se daquele filho da mãe de uma vez por todas. Ouça o meu conselho pelo menos uma vez na vida. Certas pessoas só nascem para complicar a vida dos outros. Devemos nos afastar delas. Para nos proteger!
— Mas Hamilton é nosso irmão...
— Seu irmão, Michael.
— Mesmo assim, preciso encontrá-lo. Ele deve estar se sentindo péssimo depois que o papai praticamente o escorraçou

179

daqui.
Ela suspirou, parecendo querer controlar-se.
— Michael — disse então com precisão. — Deixe tudo como está. Com Hamilton longe de nós você terá bem mais chances de ser feliz ao lado de Melissa. Construir um lar feliz para o filho de vocês.
Ele enviesou o cenho.
— Você acha mesmo?
— Sim, Michael. É a sua chance de ser definitivamente feliz ao lado de Melissa. Pense nisso!
Michael mergulhou as mãos em seus cabelos fartos, num gesto arrebicado e disse:
— Talvez você tenha razão, Lídia.
— Você a ama, não a ama? É a ela que você quer, não é? Então mantenha Hamilton longe, bem longe de você e dela.
Michael acabou assentindo.

Ao chegar à casa de minha mãe, após lhe contar tudo o que me ocorreu, admiti:
— Eu fui o culpado, mãe, eu jamais deveria ter cedido ao desejo. Eu estraguei tudo.
Foi bom ter me aberto com minha mãe, ela usou da verdade como mulher, como mãe, como esposa e como ser humano e isso me fez admirá-la ainda mais.
— Eu, como mulher, compreendo a revolta de Edith. A traição é algo insuportável para nós, mulheres, que nos entregamos tanto para uma relação, um homem, que tanto amamos. Por ser mulher, também compreendo Melissa e concordo com ela quando diz que fez muito pela relação de vocês e por Michael. Compreendo até Cássia que tanto odiei por ter me traído com seu pai. Como mãe, nós só queremos o melhor para os nossos filhos e, por isso, vamos nos revoltar contra qualquer um que possa feri-los e traí-los.
Ela tomou ar e completou:
— Sabe qual é a maior verdade nisso tudo, Hamilton? Que ninguém no fundo tem culpa de nada. Somos todos vítimas

da vida, do destino que manda e desmanda em nós. A vida quis assim, Hamilton. Tudo que aconteceu na sua vida, na de Melissa, Michael e todos foi porque a vida quis assim. A VIDA quis assim, Hamilton.

Nova pausa de impacto e ela continuou:

— Quando você pensa que está tudo resolvido na sua vida, que o grande amor da sua vida é aquele mesmo, para vida toda, tudo, de repente, muda. E não importa o quanto você se dedicou a esse amor, aos filhos que nasceram desse amor, a tudo, enfim... Tudo será diferente desde então, e cabe a você aceitar os fatos e seguir da melhor forma que a vida lhe permitir.

Ela sorriu e completou:

— Sabe, Hamilton, a vida lhe dará laranjas durante um tempo e você pensará que será sempre assim, laranjadas deliciosas eternamente. Aí, então, do nada, sem mandar aviso, recados, telegramas, ela passa a lhe entregar limões e você que passe a tomar limonadas doravante. O problema é que quando isso acontece, as pessoas ficam olhando para os limões, revoltadas com a mudança, demorando para perceber que podem fazer deles uma deliciosa limonada. A vida é assim, Hamilton, para todos. Por que, não sei. Talvez porque as mudanças nos fazem mais fortes, mais hábeis para lidar com a vida e com o amor e suas reviravoltas.

Só então percebi que a separação de minha mãe e meu pai havia feito dela uma mulher mais sábia, compreensiva, forte, audaciosa e evoluída. Perguntei-me se ela já se dera conta do quanto a separação, a união com o segundo marido haviam feito progressos na sua pessoa.

Esperei que Michael me ligasse, por que, não sei, talvez por termos sido sempre muito ligados um ao outro. Ele certamente haveria de se preocupar comigo, como eu me preocupava com ele, mas isso não aconteceu e acabei achando melhor assim.

Enquanto esperava uma empresa se interessar por meu

181

currículo, fui trabalhar num lava-carros. Precisava de dinheiro e manter minha cabeça ocupada. Assim os meses foram passando.

Nesse ínterim, o inevitável aconteceu. No próximo almoço em família, nem Cássia, nem meu pai conseguiram disfarçar a repugnância que agora sentiam em seus corações por Melissa. Ela notou e decidiu não mais frequentar o almoço em família ou qualquer outro evento ali.
– Seus pais me odeiam, Michael – desabafou ela.
– É que...
– Não tente defendê-los, Michael. Posso ver nos olhos deles o ódio que sentem por mim. É mais do que isso, é nojo. Por isso, lá, eu não piso mais.

Michael não falou mais nada, Melissa tinha razão, Cássia e papai realmente agora a abominavam.

Sendo assim, os almoços em família passaram a contar somente com Michael, Cássia, meu pai, Lídia e Jason, seu noivo que mais parecia mudo de tão calado que era. Foi num deles, durante a sobremesa, que Michael desabafou:
– Nossos almoços antigamente eram mais divertidos.
Todos o encararam.
– Não só divertidos, mas também amorosos. Sempre me orgulhei por ver minha família unida. Agora...
Foi Cássia quem respondeu, severa:
– A culpa não é nossa, Michael! É de Hamilton! Hamilton, entende?!
Michael então teve uma luz:
– Não, mamãe, não é de Hamilton, é do desejo. O desejo é que estragou tudo. E o ódio pelo que aconteceu é que nos separou.
Sem mais, ele se levantou e partiu mesmo sob os protestos da mãe e do pai.

Nas semanas que se seguiram, as palavras de Melissa, volta e meia, ecoavam na mente de Michael:

182

"Seus pais me odeiam, Michael... Não tende defendê-los... Posso ver nos olhos deles o ódio que sentem por mim. É mais do que isso, é nojo. Por isso, lá eu não piso mais." Era precisamente a frase "Posso ver nos olhos deles o ódio que sentem por mim" que mais lhe prendia a atenção. Parecia haver um significado mais profundo nela. O que seria? Foi então que Michael passou a olhar mais atentamente para os olhos de Melissa, para o fundo do seu globo ocular onde transparecem as paixões. Só então ele pôde ver a tristeza que habitava em seu coração. O cansaço físico e emocional que ela fazia para se manter casada com ele, parecendo feliz. Também pelo filho.

Michael então, por amá-la demais, teve pena dela e um desejo insano de libertá-la daquele caos emocional. Passou a ser mais compreensivo e mais amoroso com ela, mais presente na esperança de que tudo isso a fizesse se sentir melhor ao seu lado.

Mas a tristeza e o cansaço permaneciam ali, no fundo do globo ocular de Melissa. E, por amá-la verdadeiramente, por nada ser mais importante do que vê-la verdadeiramente feliz, ele tocou no assunto com ela:

— Queria tanto apagar a tristeza que vejo transparecer em seus olhos, Melissa.

Suas palavras a pegaram de surpresa.

— Michael...

— Melissa. Antes eu não via, mas de um tempo para cá passei a notar a tristeza que habita o seu coração.

Os olhos dela marejaram.

— Pensei que a vinda de um filho fosse capaz de alegrar o coração de uma mulher, apagar qualquer dor...

— É capaz disso, sim, Michael, mas... a vida da gente é como uma orquestra, todos os instrumentos têm de estar afinados e executados juntamente para uma linda música brilhar.

— O que quer dizer com isso?

— Que a vida tem diferentes áreas e todas precisam

183

funcionar bem para que sejamos felizes. Uma só não compensa a outra.
— Acho que a entendo.
Fizeram silêncio por um tempo.
— Outro dia, durante o almoço na casa de meus pais, comentei:
"Nossos almoços antigamente eram mais divertidos. Não só divertidos, mas também amorosos. Sempre me orgulhei por ver minha família unida. Agora...".
E minha mãe me disse:
"A culpa não é nossa, Michael! É de Hamilton! Hamilton, entende?!"
E eu respondi:
"Não, mamãe, não é de Hamilton! É do desejo, foi o desejo que estragou tudo! E o ódio pelo que aconteceu é que nos separou."
Melissa pensou um pouco e perguntou:
— E você acredita mesmo nisso, Michael?
— Sim, Melissa e acredito agora que não foi só o desejo que nos separou, mas a dificuldade que temos para aceitar a vida quando ela toma rumos inesperados, especialmente na área do amor.
As palavras de Michael a surpreenderam. As que vieram a seguir, também:
— Há mais um erro grave nisso tudo, Melissa... Um erro grave, grave, grave... Tentar mascarar a verdade com mentiras. Tentar se enganar.
E novamente Melissa olhou surpresa para ele e disse:
— Eu optei pela verdade, Michael. Desde o início. Mas Hamilton não quis! Por você, entende? Ele sempre pensou em você antes de tudo. Para não o ferir, para que você não se decepcionasse com ele. Hamilton colocou você e sua família sempre acima da paixão que sentimos um pelo outro. Ele sacrificou seus sentimentos por mim, por você, por todos... Porque ama vocês demais.
Michael assentiu.

— Por amor ele foi capaz de sacrificar o próprio amor.
— Sim, Michael. Por amor ele foi capaz de se manter amando em silêncio.
  Michael, pensativo admitiu um minuto depois:
— Eu não pude ver nada disso antes. Fiquei tão envolto pelo meu ego, que me ceguei diante de tudo mais. Mas agora, eu posso ver tudo claramente e acredite-me, Melissa, é melhor ver tudo às claras, encarar o que deve ser encarado do que não encarar, mascarar as verdades do coração.
  Ele fez nova pausa e admitiu, olhando ternamente para a esposa:
— Eu amo você, Melissa... Amo muito e você também me ama. Numa frequência diferente, mas também me ama, pois foi capaz de se casar comigo para me fazer feliz quando supus que morreria... Capaz até de me dar o filho que eu tanto queria. Sua alma é boa. Há mais bondade em você do que maldade, o que me faz admirá-la ainda mais.
  Os olhos dela voltaram a lacrimejar e ele, então, abraçou-a forte e calorosamente.

  No fim de semana seguinte, Michael veio atrás de mim e me levou com ele para um passeio. Quis saber aonde íamos, mas ele se limitou a falar. Só mesmo quando chegamos a casa onde vivia Cássia e meu pai, é que ele me revelou a verdade. Iríamos almoçar ali, como nos velhos tempos. Eu me opus terminantemente.
— Sua mãe me pediu para nunca mais pôr os pés aqui, Michael.
— Eu cuido dela.
— Não vou.
— Faça isso por mim, Hamilton. Por mim.
  Assim que Cássia e Lídia nos viram, entrando na casa, torceram o nariz. Quanto ao nosso pai, bem, ele me pareceu incerto quanto qual atitude tomar. Michael me fez sentar em torno da mesa e depois de ele fazer o mesmo, falou:
— Eu trouxe o Hamilton aqui porque, bem, esse cara... Esse

cara aqui é o responsável por eu ainda estar vivo. Acho que no meio de toda essa discórdia muitos ou todos se esqueceram desse fato. Hamilton pensou em mim, acima de tudo, quando soube do resultado dos meus exames.
Todos baixaram a cabeça, com os olhos e a ir vir de um lado para o outro.
— Para me poupar, Michael sacrificou o amor dele por Melissa e Melissa, por sua vez, fez o mesmo, também para me poupar. Fez mais do que isso, aceitou se casar comigo e gerar um filho meu. O que considero simplesmente admirável. Como veem, sacrifícios foram feitos pelos dois que tanto amo e que tanto se amam, para me poupar. E, então, eu pensei: será que eu deveria mesmo ser poupado disso tudo?
Todos ali o olharam com mais atenção e Michael continuou:
— E a resposta que obtive foi "não"! Eu não deveria ter sido poupado disso tudo. Eu deveria ter sido exposto à verdade, visto a realidade como ela é, nua e crua, ainda que doesse demais em mim. Da mesma forma que tive de encarar e lidar com a doença e atravessar os processos de cura e, da mesma forma que todos vocês tiveram de encarar o problema de saúde pelo que passei.
Ele tomou ar e foi além:
— É duro, sim, para quem ama, saber que quem você tanto ama, não o ama da mesma forma. Tal como eu em relação à Melissa, mas é algo que eu e todos que passam por isso precisamos encarar, da mesma forma que eu tive de encarar a doença que me pegou de surpresa, ou qualquer outro imprevisto em qualquer área da nossa vida. Encarar, sim! Aceitar os fatos e aprender a conviver com eles. Tal como temos de ir aprendendo a encarar e lidar com as mudanças do físico ao longo dos anos.
Voltando-se para Cássia, Michael falou:
— A senhora, minha mãe, também acreditou que seu primeiro casamento daria certo e só encontrou êxito no segundo. Não pode julgar o Hamilton, pois de certo modo viveu o mesmo

que ele. Apaixonou-se pelo meu pai, quando ainda era casado com a mãe de Hamilton. Mesmo sabendo que Arthur Grant era casado, envolveu-se com ele. Isto é traição também.

Cássia baixou a cabeça.

— A senhora sabe, como muitos, que o homem e a mulher cometem erros na área do amor e que devem tentar novamente um novo amor quando um não teve êxito.

Voltando-se para meu pai, Michael falou:

— Aconteceu o mesmo com o senhor, meu pai. Ousou divorciar da sua primeira esposa na esperança de ser feliz com a segunda. E deu certo. E desse novo amor nasci.

Papai também baixou a cabeça, encabulado.

— E quanto a você Lídia. Você também julgou Hamilton, recriminou suas atitudes e as de Melissa, sendo que... desculpe-me por dizer, mas... você tirou Jason da sua melhor amiga.

Os olhos de Lídia se abriram num regalo.

— Michael, por favor...

— É verdade e você sabe que é. Não adianta negar. E Jason também deve ter prometido mundos e fundos para a ex-namorada antes de trocá-la por você. A vida é assim, não para todos, mas para muitos.

Lídia e Jason também baixaram os olhos.

— Depois de muito refletir, observar meus conhecidos e pessoas em geral, percebi que muitos de nós erram e acertam no amor, apostam e se frustram, apostam tudo e são trocados por outro, todavia precisamos encarar os fatos e superá-los, essa é a grande missão de cada um de nós e não só na área afetiva, mas em todas as áreas da vida.

Michael tomou ar e admitiu:

— Sabe, depois de muito refletir a respeito de tudo isso, cheguei à conclusão de que...

Ele suspirou de alívio:

— Eu não quero ser protegido dos imprevistos que possam me atingir, como fazem a maioria dos pais quando os filhos ainda são crianças. Na infância tudo bem, até um período da adolescência, tudo bem, não para sempre... Sem sermos

187

exposto às verdades da vida, não crescemos e eu quero crescer. É aprendendo a lidar com imprevistos e mudanças que evoluímos, não é mesmo? É nas mudanças que nos reencontramos... Assim aconteceu com a senhora, mamãe, papai e com sua mãe, Hamilton.

Cássia e meu pai se entreolharam e Michael continuou:

— Quero também ser amado como estou disposto a amar e o mais importante, não quero impedir que o outro deixe de amar quem ama de verdade só para me fazer feliz. Ninguém pode ser feliz, sacrificando a felicidade alheia.

Cássia decidiu falar:

— Mas Michael...

— Eu não sou mais criança, mamãe.

Ao perceber que Lídia ia dizer alguma coisa, Michael a interrompeu:

— Lembre-se disso, você também, minha irmã. Não sou mais criança!

Ele umedeceu os lábios com um refresco e foi adiante:

— Como eu disse há pouco, esse cara aqui ao meu lado, Hamilton, meu irmão, esse cara...

Só então ele se voltou para mim e, mirando fundo meus olhos avermelhados de emoção, prosseguiu:

— O que eu quero dizer com tudo isso, Hamilton, é que você não é culpado de nada... Nem você nem Melissa. A vida quis assim, o desejo, a paixão e o amor uniu vocês... Da mesma forma que uniu nosso pai a sua mãe, minha mãe ao primeiro marido dela, de onde nasceu Lídia, e, depois, os dois para gerar a mim. Por isso, Hamilton, você e Melissa devem e merecem ficar juntos.

Lídia se manifestou na mesma hora:

— E você Michael, e você? — berrou ela. — Você é o mais prejudicado nisso tudo.

— Não me ponha como vítima de toda essa história, Lídia. O papel de vítima não cai bem a ninguém. Além do mais eu sou capaz, bem capaz de cuidar de mim mesmo e me apaixonar novamente. Todos são!

— Não, Michael...
— Sim, Lídia. Sou capaz, sim! Já sou bem crescido para recomeçar a vida, seja em qual área for necessária, da mesma forma que todos são. Deus deu poder igual a todos.

Lídia baixou a cabeça, inconformada. Cássia tentou confortá-la:

— Michael tem razão, filha. Ele está certo em tudo o que disse. Eu passei pelas mesmas coisas que Hamilton e Melissa passaram, ao conhecer Arthur Grant. Não posso julgar Melissa se fiz o mesmo que ela. Por isso, devemos mesmo aceitar os fatos como são. Será melhor para todos nós. Além do mais, é quase insuportável ver nossa família desunida sem a alegria de antes.

— Mas isso não é certo, mamãe.
— O certo é aquilo que vem do coração, Lídia.
— Pois para mim, Hamilton acabou com a vida afetiva feliz que Michael poderia ter ao lado de Melissa... Pobrezinho, investiu tanto nela para ter de recomeçar de novo? Para ver todos os anos de dedicação a ela se evaporar, virarem pó?

— Todo investimento na vida nunca é em vão, Lídia.
— Eu no lugar do Michael não suportaria tal coisa...
— Olha só quem fala... Você, Lídia, apostou tudo na faculdade e depois, largou por outra porque descobriu que não era o que pensou, lembra?

— Mas era apenas uma faculdade. Pessoas não são assim, mamãe.

— Acontece o mesmo sim, filha. Investimos, apostamos no melhor e, nem sempre obtemos esse melhor. Conclusão: não é por ali que devemos continuar seguindo e insistindo. Devemos mudar. Tomar outra atitude. Sabe o que penso mesmo, filha, do fundo do meu coração? Que quando um casal se separa por causa de alguém que realmente entra na sua vida para ficar, é porque assim tinha de ser.

— E quanto aquele ou aquela que ficou só?
— Bem, se encontrar um novo amor é porque assim tinha de ser.

– E se não encontrar?
– É porque a solidão lhe é necessária.
– Ah, mamãe, tenha paciência! A senhora só pode estar embriagada.
Sem mais, Lídia deixou o aposento, pisando duro.
Voltando-se para mim, Cássia falou:
– Acho melhor almoçarmos, está na hora.
Assim que nos sentamos à mesa, Lídia voltou para junto de nós, acompanhada de Jason que se tornara recentemente seu noivo.
– Lídia – disse Cássia, ofertando-lhe um prato de canja fumegante. – Prove lhe fará muito bem. Aquecerá seu estomago, alimentará seu corpo, acalmará sua alma.
Comemos em silêncio aquele caldo com torradas e depois carne com legumes. Foi entre uma garfada e outra que Michael contou sobre a minha perda de emprego e minha mudança para a casa de minha mãe. Papai ficou abobado com o que soube e me reprovou por não ter lhe contado nada antes. Em seguida, desculpou-se pelo que me disse, ao perceber que ele próprio não havia me dado chance para lhe contar.
Estávamos prestes a partir quando Cássia me chamou:
– Hamilton.
– Sim, Cássia.
– Devo-lhe desculpas.
Lídia enfezou-se outra vez diante das palavras da mãe:
– A senhora vai se humilhar novamente diante desse cara, minha mãe?
– Vou apenas fazer o que minha consciência manda, Lídia. Peço desculpas a Hamilton, porque tudo o que Michael falou, há pouco, é a mais pura verdade.
– Michael é um bobo de coração frouxo, sempre foi.
Michael, rindo, voltou-se para a irmã e disse:
– É isso o que você pensa de mim, Lídia? Muito obrigado.
Lídia bufou e ele riu, forte. Papai então se despediu de nós.

Assim que entramos no carro, agradeci:
— Obrigado por tudo que disse... Muito do que falou, jamais havia se passado pela minha cabeça, Michael.
— Todo mundo gosta muito de apontar os defeitos do outros, mas os seus...
Ri.
— Você me deixa em casa?
— Não, Hamilton. Nós vamos para outro lugar.
Minutos depois, estacionávamos em frente a casa onde Michael vivia com Melissa.
— Você tem certeza de que é isso mesmo o que você quer? — perguntei, sentindo-me um tanto inseguro diante daquilo.
— Sim, Hamilton. Tudo o que faço, desde muito tempo, só faço porque me sinto seguro para fazer. Você e Melissa são duas pessoas que amo muito e, por amá-los assim, quero vê-los felizes. Ela vivendo ao meu lado nessa casa é o mesmo que viver enjaulada, ninguém merece viver assim.
— Está bem, Michael. Se você tem absoluta certeza disso.
— Tenho.
Ele me estendeu a mão e me puxou. Assim que entramos na casa, ele chamou por Melissa que ao me ver, pensou estar vendo uma miragem.
— Hamilton, você aqui...
— Olá, Melissa.
— Eu fui buscá-lo — explicou Michael. — Trouxe-o até aqui, pois penso que vocês têm muito a conversar.
Houve uma breve pausa até Michael se pronunciar:
— Um grande amor nem sempre nasce para ser vivido de forma carnal... É o caso do meu amor por você, Melissa. E acho que alguns nascem assim para que cada um de nós aprenda a amar de diversas formas, em diferentes níveis. O amor de você e de Hamilton, Melissa, é o que você chama de amor de almas gêmeas e, portanto, deve ser vivido da forma correta.
Ele enxugou uma lágrima e completou:

191

– Vocês viveram uma paixão do outro lado da lua, é hora agora de trazê-la à luz do sol.
– Bem, vou deixá-los as sós.
– Michael? – chamei-o.
Ele voltou-se para trás e sorriu:
– Aonde vai?
– Por aí...
– Posso ir junto?
– Sua companhia é sempre agradável, Hamilton. Mas quero andar um pouco sozinho e penso que você e Melissa também tem muito a conversar.
– Você está realmente bem?
Ele riu.
– Lá vem você se preocupando comigo novamente, Hamilton? Você já se preocupou demais comigo, cuide agora de você e de Melissa.
– O que pretende fazer...
– Da vida? O melhor. Só o melhor, se possível. Acho que essa é mesmo a missão de cada um.

Assenti e fiquei observando-o seguir pela rua, caminhando calmo e apreciando as árvores e cantando:

Hoje eu estou aqui de acordo com minhas regras e desejos
Já não sou mais seus beijos nem os meus são os mesmos
Brigamos tanto pra ter alguém que esquecemos de nos fazer bem
É o maior fim do mundo perder o mundo por quem não te quer

Voltei meus olhos para Melissa que me perguntou:
– Será que ele realmente vai ficar bem?
– É... Como todos, você também se preocupa com Michael.
Um meio sorriso se insinuou na face dela e o silêncio

192

nos fez companhia então. Quando arrisquei olhar para ela novamente, ela já me olhava a algum tempo, chorosa.
— Foi tudo tão dolorido para nós, Hamilton... — desabafou.
— Você quis evitar a dor que os outros poderiam ter ao saber do nosso amor, criando dor e mais dor para nós.
— Você tem razão, Melissa... A dor foi inevitável neste caso... — admiti. — Mas de algum modo, penso que Michael não teria lutado para viver como fez após você aceitar se casar com ele e lhe dar um filho. Isso o encorajou.
— Sim, também já pensei nisso.

Voltamos o olhar para a rua, por onde Michael seguia cantarolando, parecendo também liberto de uma prisão da qual nunca percebeu tomar parte.
— Ele também parece liberto, não? Como um pássaro liberto.
— Sim. Liberto de algo invisível que o prendia.

Houve uma pausa até nos encararmos, novamente, e, ela, declamar um poema que ouviu e muito gostou:

De onde vem você? Que só meus olhos podem ver...
De onde vem você? Que só minhas mãos podem tocar
Você que só tem olhos pra mim
Quando, enfim, só tenho olhos pra você...
Aonde vai você que só meus passos podem alcançar?
Aonde vai parar, você que só eu posso amar?
De que lugar do universo, é você
Que trouxe tantos versos para me encantar...
Versos tão inversos da solidão que há...
Versos que eu empresto pra te fazer brilhar
Pelo infinito de Deus tão lindo.

Então eu sorri e a beijei, intensamente. E voltou tudo a minha memória, como em flashes, os bons momentos que vivemos em Londres, durante aqueles inesquecíveis primeiros dias de verão. Nós visitando o Museu Britânico, Abbey Road, a famosa rua de Londres onde o grupo musical Beatles foi fotografado, atravessando a faixa de pedestre, nós numa loja de discos de vinil cantando e dançando "Ticket to ride" de mãos dadas.

Depois nós em Piccadilly Circus e, mais tarde, sentindo arrepios no topo da roda-gigante London Eye. Divertindo-nos com as réplicas de cera dos artistas famosos no museu Madame Tussauds. Passando um dia maravilhoso em Hyde Park, depois no Palácio de Beckhan, vendo também a troca da guarda da rainha e nós em meio à passeata de protesto quando Melissa se agarrou a mim por ter agorafobia. Sim, tudo voltou a minha memória naquele instante.

E também a frase que ficou para sempre marcada em minha memória: "Nós nunca teremos segredos um para o outro, Hamilton".

Então, pela primeira vez, abracei Melissa sem mais medo de ser feliz. Sem culpa e se remorso. Eu era livre agora para amá-la não mais em silêncio como sempre foi. Eu estava finalmente verdadeiramente em paz comigo, com a vida, com o meu destino.

Seguindo pela rua, Michael foi dar num bar com música ao vivo. Sentou-se a uma mesa de canto e deixou-se envolver pela música e pela voz doce e agradável da cantora que se apresentava naquele dia. Seu nome era Felícia Katz, uma jovem muito talentosa.

Foi enquanto ela cantava, lindamente, uma canção que falava sobre o poder do olhar, que coincidentemente seus olhos se encontraram, uma, duas, três vezes até se perder a conta.

O teu olhar tatua flores na minha alma
Flores que me acalmam
O teu olhar me revela coisas surpreendentes
É uma viagem além da gente
Me faz melhor me faz feliz
Me levanta o astral
É como ser um arco-íris
É algo sem igual
O calor que o seu amor provoca em mim

É inenarrável
O calor que o seu amor provoca em mim
É imensurável...

De repente, depois de tantos olhares trocados e redobrados, a cantora e o violonista sorriram para ele, um daqueles sorrisos que nos escapa sem querer e, ele, subitamente encabulado, sem saber por que, sorriu de volta. Ela então começou a dedilhar uma nova canção, mas parou logo a seguir, porque algo dentro dela se acendeu, desejando que dissesse algumas palavras antes de ir adiante.

– Hum hum – começou Felícia, limpando a garganta. – A minha próxima canção fala de um cara, ou de um garota que depois de se decepcionar com um grande amor, decidiu nunca mais dizer "Eu te amo". Por causa desse grande amor que não deu certo, decidiu bem mais do que isso, tirar tudo que é de bom da sua vida. A canção se chama "No more I Love yous".

E ela a cantou:

*I used to say "I love you" so easily
But after you… no more "I love yous"
No more samba, rock and roll
and samba, rock and roll…
Only blues, sad blues
Under the blue skies
Only blues, sad blues
over the butterflies*

*Tradução da canção *No more I love yous:*

Eu costumava dizer muitos "Eu te amo",
mas depois de você, não mais.
Nem samba, nem rock and roll,
somente blues (estilo de música norte americana),
tristes blues, sob os céus azuis e borboletas.

Ao término, depois de receber aplausos falou:
– Eu já pensei assim, como esse cara ou essa garota dessa canção que acabei de cantar. Prometi a mim mesma também nunca mais ousar dizer "Eu te amo" a quem quer que meu tolo

195

coração se apaixonasse. Foi assim até eu ouvir a canção que vou cantar agora, que me ensinou muito, me fez reagir e voltar a viver com paz e amor, como todos merecem viver.

*Say goodbye to the past
And become a now person
Free your soul from the past
And you gonna be in a peaceful heaven
When you give love, you get love
When we share love we make a better world
When you give love, you get lucky, you get happy,
Miracles happen in your love.... life
Take a chance to feel great
Under the sun, over the waves...
Between the stars, under the moon
In South America or in the States of mind of pleasure
Miracles happen in your.... life

*Tradução da canção Get Love.
Diga adeus ao passado e se torne uma nova pessoa.
Liberte sua alma do passado e você estará num paraíso pacífico.
Quando você dá amor, você recebe amor,
quando compartilhamos amor, fazemos um mundo melhor.
Quando você dá amor, você se torna sortudo e feliz, milagres acontecem na sua vida amorosa.
Aproveite a chance para se tornar grandioso, debaixo do sol e sobre as ondas, por entre as estrelas ou debaixo da lua, na América do Sul ou nos Estado Unidos do prazer.
E milagres acontecerão na sua vida.

Ao terminar de cantar, Felícia recebeu uma nova salva de palmas. E ela, bem-humorada como nunca, voltou a falar:
– Essa é a mais pura verdade da vida. Precisamos mesmo dar adeus ao passado e nos tornarmos uma nova pessoa, uma pessoa do agora, porque o que passou passou, de nada adianta remoer o passado. É uma perda de tempo. O presente é tudo que existe tal como o Sol lá fora dando vida a tudo, iluminando todos, não importando qual seja sua raça, crença, ou condição econômica. É disso que fala a minha próxima canção.

E Felícia cantou novamente maravilhosamente bem:

*The sun is out there for everyone for everybody
It makes no difference if you are black or white,
It makes no difference if you're good or great
It makes no difference if you're a boy or a girl
It makes no difference if you're gay or straight
It doesn't matter if you're wealthy and happy
It doesn't matter if you're healthy and lucky
It doesn't matter if you're Scooby or Shaggy
It doesn't matter if you're daddy or mummy
So let's celebrate! Dance and sing and celebrate

*Tradução ao pé da letra da canção Sun Pop
O sol tá lá fora para todos, todo mundo!
E não faz a mínima diferença se você é preto ou branco
Se você é bom ou grandioso
Se você é menino ou menina
Se você é gay ou heterossexual
O sol tá lá fora para todos, todo mundo!
E não importa se você rico e feliz
E não importa se você é saudável e sortudo
E não importa se você é o Scooby Doo ou o Salsicha
Se você é a mamãe ou o papai
O sol tá lá fora para todos, todo mundo!
Então vamos celebrar, dançar e cantar!

 A letra traduzia outra verdade absoluta da vida, percebeu Michael emocionado. Diante das reviravoltas da vida, o melhor mesmo a se fazer era nos libertar do passado, nos tornar uma pessoa nova, uma pessoa do agora, juntar-se ao Sol, celebrar a vida.

 E para encerrar, Felícia cantou a canção que Michael há tempos cantarolava sem muitas vezes se dar conta, especialmente em relação à letra da canção. O seu profundo significado.

Hoje eu estou aqui
De acordo com minhas regras
e desejos, e desejos
Já não sou mais seus beijos
Nem os meus são os mesmos

Brigamos tanto pra ter alguém
Que nos esquecemos de nos fazer bem
É o maior fim do mundo
Perder o mundo por quem não te quer
Se vai nessa, vá depressa
Que eu vou seguir por outros mares
É que sempre fui pirata
Nasci pra me redescobrir
Se vai nessa, vá depressa
Que eu vou seguir por outros pares
Ainda te curto à beça
Mas eu preciso é ser feliz

    Todos deveriam se lembrar desta letra quando naufragassem no mar do amor, percebeu Michael. O maior fim do mundo era mesmo de fato, perder o mundo por quem não te quer. Era brigarmos tanto por alguém, esquecendo de nos fazer bem. Era saber que apesar dos pesares, todos precisam continuar sendo felizes.

    Quando Felícia Katz terminou sua apresentação aquela noite, Michael foi elogiá-la. Ela então o convidou para se sentar a sua mesa, para trocarem e ideias enquanto saboreava um prato, oferta da casa*, e Michael aceitou. Felícia lhe parecia interessante em diversos sentidos, o que de fato comprovou ser verdade em meio ao agradável e divertido bate papo que tiveram.

    – Você me ensinou que podemos aprender muito com as canções. Nunca havia me dado conta disso.

    – Pois é... – ela riu. – A maioria das pessoas despreza as letras das canções, nunca as lê atentamente, absorvendo seu significado, refletindo a respeito, compreendendo as mensagens subliminares. Assim como na vida, há muitas mensagens nas entrelinhas das canções.

    Ela fez uma pausa.

    – Você não me disse seu nome.

---

*A maioria dos bares e restaurantes com música ao vivo na América, oferecem ao artista, como cortesia da casa, uma refeição depois da apresentação, além de bebidas ao longo da mesma. (N. do A.)

— Michael.
— Michael... Muito prazer. Que bom que descobriu que podemos aprender muito com as canções e também com poesia. Até mesmo com as histórias fascinantes dos livros, filmes e peças teatrais. Até mesmo com desenhos animados podemos aprender um bocado a respeito da vida, começando por não a levarmos demais a sério.
Michael riu e ela também.
— Mas foram as surpresas da vida que me fizeram prestar mais atenção a tudo isso, Michael. Porque nem sempre as coisas saem como esperado. Especialmente no amor e eu, romântica como sou, sofri um bocado por isso. Vivi amando em silêncio, dedicada a esse amor, trocando o Sol lá fora, lindo e estimulante, por um espaço entre quatro paredes muitas vezes cheio de ácaro.
Risos.
— Foi assim mesmo Michael. Sofri um bocado, acho que todos sofrem por amor em algum período da vida e foi então que aprendi, a música me ensinou, que brigamos tanto pra ter alguém que nos esquecemos de nos fazer bem... É o maior fim do mundo perder o mundo por quem não te quer. Se vai nessa, vá depressa que eu vou seguir por outros pares, ainda te curto à beça, mas eu preciso é ser feliz.
Ela parou, mordeu os lábios, admirando fundo os olhos bonitos de Michael, voltados para ela.
— Precisamos ser maleáveis conosco e com a vida, só a maleabilidade impede, quem cai, de se machucar. Existem até técnicas para ensinar as pessoas a caírem de cavalos, por exemplo, sem se ferirem. O mesmo devemos aprender em relação à vida, Michael.
Ela sorriu enquanto ele concordava com suas palavras.
— Agora me conte um pouco de você.
E ele se sentiu estimulado a falar. Contou toda sua história, incluindo certamente Melissa e a doença pela qual passou.
— O importante disso tudo, Michael, é que você está disposto a dar a volta por cima. E isso me orgulha muito.

– Obrigado.
E se sentindo ainda mais à vontade na presença da jovem, Michael resolveu tirar uma cisma:
– Seu sobrenome é mesmo Katz ou é apenas um nome artístico?
– É Katz mesmo – respondeu ela, rindo.
E a noite terminou com os dois trocando números de celular e se prometendo ver no dia seguinte.
E foi assim que Michael se interessou por outra garota, de uma forma não tanto frenética, mas lúcida como tudo deve ser e acontecer na vida.

Nesse ínterim, quando Lidia soube que Michael havia se decidido divorciar de Melissa, para que eu e ela ficássemos juntos, foi falar com ele. Estava zangada:
– Você não pode entregar Melissa de mãos beijadas para o picareta do Hamilton, Michael! – falou enfurecida. – Ele não merece ser feliz. Além do mais, com sua separação, seu filho vai crescer problemático, como crescem a maioria de filhos separados. Pense no seu filho, Michael. Não dê o divórcio a Melissa!
– Você por acaso cresceu problemática, Lídia? – indagou Michael, olhando divertido para ela. – Você também é filha de pais separados, esqueceu-se disso, por acaso?
O rosto dela murchou e ela engoliu em seco.
– Nem todos os filhos de pais separados têm a mesma sorte que eu, Michael – respondeu ela após breve reflexão.
– Sorte, que sorte, Lídia?
– De ter uma personalidade forte como a minha para não crescer problemática.
Ele riu e a desafiou:
– Será mesmo que você não é problemática, Lídia?
– Eu?! Você está por acaso tirando uma de mim?
– Sim, maninha, relaxe. Pare de levar tudo tão a ferro e fogo. A vida é muito curta para se fazer dela um eterno drama Shakespeariano.

Ela bufou:
— Incrível, Michael... Hamilton fez a sua cabeça de um modo absurdo. Hipnotizou você.
— Não foi Hamilton, Lídia, foi a sensatez. A amplidão da mente, a ousadia de encarar as verdades e mudar. E o amor logicamente que tenho por todos e pela vida.
Ela partiu dizendo alto e em bom tom:
— Você ainda vai se arrepender de não me ouvir, Michael!
Vai sim, você verá!
— Está me rogando uma praga, Lídia?
Ela não respondeu.

Semanas depois, almoçávamos todos novamente na casa de meu pai e Cássia. Somente Michael não estava presente, fora acompanhar Felícia numa de suas apresentações, desta vez, num restaurante dentro de campo de golf.

Almoçamos a maior parte do tempo em silêncio e então, meu pai, incomodado com a atípica quietude, falou:
— Michael anda muito diferente... Mais feliz, mais vivo, mais saudável... É como se finalmente tivesse nascido, vocês não acham?
— Sim — concordou Cássia, sorrindo para o marido. — Penso que Felícia e ele realmente vão dar certo. Parecem feitos um para o outro.
Lídia se irritou:
— Ora, mamãe, por favor!
— Filha...
— Que futuro Michael pode ter ao lado de uma cantora de barzinho? Nenhum! Além do que, essa gente, vocês sabem, ou são viciadas em drogas ou alcoólatras ou as duas coisas ao mesmo tempo.
— Felícia não escondeu de seu irmão que durante um período de sua adolescência usou drogas.
— Tá vendo?
— Mas parou terminantemente. Fez uso delas para fugir do que não queria ver em sua vida.

– E vocês acham mesmo que ela parou? Ah, quanta inocência. Ela vai acabar deixando Michael viciado também, vocês vão ver.
– Todos merecem uma chance, Lídia – observou meu pai.
– Nós todos aqui tivemos de nos dar uma nova chance para sermos felizes.
– Eu não!
– Você também, Lídia. Afinal, até hoje não encontrou uma faculdade que lhe agrade. Assim que se desaponta com uma, se dá uma nova chance com outra, não é isso?
– Uma coisa não tem nada a ver com a outra – emburrou Lídia.
E a discussão prosseguiu sem levar a nada.

Foi quando Lídia acompanhou Jason até o carro, que eu aguardei por ela para lhe falar a sós. Assim que Jason partiu, fui até ela que se mantinha parada na calçada, acenando para o noivo, e a surpreendi com a minha aparição repentina. Ela por pouco não foi ao chão de susto o que me divertiu um bocado.
– Sabe o que eu penso, Lídia? – falei sem rodeios. – Que você me odeia tanto assim porque no fundo me ama em silêncio. É sim, vive me amando em silêncio.

Por pouco ela não me deu um tapa na cara. Essa era Lídia, essa era a vida com seus mistérios e mais mistérios deliciosos de se viver. Talvez, sem eles, não fosse tão divertida, tão memorável, tão intensa. E eu amava a vida exatamente como é porque aprendi que por mais imprevisível que possa parecer ela sempre nos dá chances de reencontrar o êxito no amor. Assim foi com minha mãe e seu segundo marido, com meu pai e Cássia, comigo e com Melissa, com Michael e com Felícia, com Edith e seu marido e com muitos mais. Só Lídia e Jason foram a exceção porque na vida há sempre exceções. Por que tem de ser assim? Porque assim manda a vida, assim ela quer e quando quer é porque no fundo nos planejamos isso no plano espiritual, antes de nascermos, para que todas as experiências pelas quais passamos, nos permitissem evoluir.

Eu sou Hamilton Grant e essa é minha história e da minha família, parte dela, logicamente, pois ainda temos muito para viver. Viver eternamente.

E do amor se prolonga a vida
Vida que é feita e arte
Arte que é feita de amor
Amor e eternidade...

Sobre o autor

Américo Simões, sob a orientação de seus amigos espirituais, vem transpondo para o papel adaptações de histórias vividas em algum lugar do tempo e espaço, na intenção de aprendermos com elas seus preciosos ensinamentos.

Autor de mais de sessenta livros, entre infanto-juvenis e romances, suas obras são sempre sucesso. Falam de vida real, amor e libertação do ser para uma vida melhor.

Projetos artísticos, culturais e filantrópicos bem como instituições de caridade são mantidos com a venda de suas obras que também possibilitam a existência de centenas e centenas de empregos, pois um simples livro leva prosperidade a muitos.

Seus romances de maior destaque são "Se não amássemos tanto assim", "Ninguém desvia o destino", "A outra face do amor", "Mulheres Fênix", "A vida sempre continua", "Deus nunca nos deixa sós", "Quando é inverno em nosso coração", a trilogia "Paixões", e o surpreendente "O que restou de nós dois", entre outros.

Sucessos Barbara

O resumo de cada título da coleção Barbara que você vai ler a seguir, revela apenas o essencial, para que o leitor se mantenha em suspense até o final da leitura, deliciando-se com as surpresas e impactos que terá a cada página.

Pela mesma razão, pedimos a todos os leitores que nada revelem a seus colegas, amigos e familiares sobre as surpresas e emoções que terão ao longo de cada história.

Quando o Coração Escolhe

O romance conta a história de um fazendeiro, político e severo que acha que só porque conseguiu fortuna e poder na vida, pode controlar seus filhos, netos e os demais a sua volta, inclusive a própria vida.

Os atritos em família começam quando Sofia se apaixona por um negro, despertando espanto e o racismo até então velado no coração de cada um. Quando todos lhe dão às costas, a revolta faz com que ela jogue para o alto todo o conforto, o *status*, os estudos e até mesmo sua herança para não deixar de viver esse grande amor.

Ettore, ao contrário da irmã, decide se tornar padre para se esconder da grande paixão que vive pelo melhor amigo, algo que também afrontaria todos.

Mas a vida dá voltas e nestas voltas a família Guiarone aprende que amor não tem cor, nem raça, nem casta, nem idade, nem religião. E que toda forma de amor também deve ser respeitada e vivida plenamente.

Quando o coração escolhe é porque a vida quis assim, porque só dessa forma os envolvidos poderão conhecer a evolução espiritual de fato!

Suas verdades o tempo não apaga

No Brasil do Segundo Reinado, em meio às amarguras da escravidão, Antonia Amorim descobre que está gravemente doente e se sente na obrigação de contar ao marido, Romeu Amorim, um segredo que guarda durante anos. Sem coragem de lhe dizer olhos nos olhos, ela opta por escrever uma carta, revelando tudo, porém, para ser entregue somente após a sua morte. Romeu se surpreende com o segredo, mas, por amar muito a esposa, perdoa-lhe.

Tempos depois, os filhos do casal, Breno e Thiago, atingem o ápice da adolescência e para Thiago, o pai prefere Breno, o filho mais velho, o que o faz se revoltar contra os dois.

O desgosto leva Thiago para o Rio de Janeiro onde conhece Melinda Florentis, moça rica e de família nobre e europeia. Disposto a conquistá-la, trama uma cilada para afastar o noivo da moça e assim poder cortejá-la.

A ardente paixão entre os dois torna-se o centro das atenções da Cidade Maravilhosa; nenhum casal é tão perfeito quanto eles, julgam os cariocas. Mas quando Melinda descobre que o marido esconde algo de muito grave em seu passado, isso transtorna suas vidas. A paixão glamorosa torna-se um caos, mas as aparências devem ser mantidas para o bem de todos.

"Suas verdades o tempo não apaga" é um dos romances mais elogiados por leitores de todas as idades, casta e religião. Especialmente porque retrata o Brasil do Segundo Reinado, os costumes da época, os detalhes da cidade do Rio de Janeiro de forma realista e surpreendente e os horrores da escravidão.

Mulheres Fênix, Mulheres Apaixonadas

Em vez de ouvir o típico "eu te amo" de todo dia, Júlia ouviu: "eu quero me separar, nosso casamento acabou". A separação levou Júlia ao fundo do poço. Nem os filhos tão amados conseguiam fazê-la reagir. "Por que o *meu* casamento tinha de desmoronar? E agora, o que fazer da vida? Como voltar a ser feliz?"

Júlia queria obter as respostas para as mesmas perguntas que toda mulher casada faz, ao se separar. E ela as obtém de forma sobrenatural. Assim, renasce das cinzas e volta a brilhar com todo o esplendor de uma mulher Fênix.

Da mesma forma, Raquel encontra dentro de si a coragem para se divorciar de um homem que a agride fisicamente e lhe faz ameaças; Carla revoluciona sua vida, tornando-se mais feliz; Deusdete descobre que a terceira idade pode ser a melhor idade; e Sandra adquire a força necessária para ajudar sua filha *especial* a despertar o melhor de si.

Baseado em histórias reais, *Mulheres Fênix* retrata mulheres que saem do fundo do poço para começarem uma vida nova, sem mágoa, sem rancor, mais felizes e com mais amor.

Um romance ideal para todos que passam por uma profunda depressão por causa de uma separação, uma traição, um namoro ou um noivado rompido. Também para aqueles que não conseguem ser correspondidos no amor, sentem-se solitários, velhos e sem perspectivas de vida e precisam renascer no presente.

Um livro forte e real para deixar as mulheres mais fortes num mundo real.

Quando é inverno em nosso coração

Clara ama Raymond, o humilde jardineiro, mas, aos dezessete anos, seu pai a informa de que chegou a hora de apresentar-lhe Raphael Monie, o jovem para quem a havia prometido em casamento desde que era menininha.

Clara e Amanda, sua irmã querida, ficam arrasadas com a notícia. Por tomar as dores da irmã, Amanda deseja sem pudor algum que Raphael morra num acidente durante sua ida à mansão da família.

Entretanto, quando Amanda conhece Raphael Monie, ela se encanta por ele e deseja que tivesse sido ela a prometida em casamento e não Clara. Se assim tivesse sido, ela poderia se tornar uma das mulheres mais felizes do mundo. Poderia haver um revés do destino?, pergunta.

Quando é inverno em nosso coração é um dos livros mais

elogiados da literatura espírita. Aborda a vida passada de cada um dos personagens, bem como as razões por terem sido unidos novamente na vida atual, para que o leitor compreenda o porquê reencarnamos ao lado das mesmas pessoas.

Se Não Amássemos Tanto Assim

No Egito antigo, 3400 anos antes de Cristo, Hazem, filho do faraó e herdeiro do trono, se apaixona perdidamente por Nebseni, uma linda moça, exímia atriz. Com a morte do pai, Hazem assume o trono e se casa com Nebseni.

O tempo passa e o filho tão necessário para o faraó deixar como herdeiro do trono não chega. Nebseni se vê forçada então a pedir ao marido que arranje uma segunda esposa para poder gerar a criança, algo tido como natural na época.

Sem escolha, Hazem aceita a sugestão e se casa com Nofretiti, jovem apaixonada por ele desde menina e irmã de seu melhor amigo.

Não é somente o filho que Nofretiti quer dar ao marido, ela quer também destruir a primeira esposa, apagá-la para todo o sempre de seu coração para que somente ela reine ali.

Mas pode alguém apagar do coração do outro quem ele tanto ama? E tão facilmente?

Se não amássemos tanto assim é um romance que surpreende todos, a cada página, impossível de se adivinhar os rumos que a história vai tomar, especialmente seu final avassalador.

A lágrima não é só de quem chora

Christopher Angel, pouco antes de partir para a guerra, conhece Anne Campbell, uma jovem linda e misteriosa, que se tornou muda depois de ter presenciado uma tragédia que abalou profundamente sua vida.

Os dois se apaixonam perdidamente e prometem se casar assim que a guerra tiver fim. Nos campos de batalha, Christopher, por momento algum, tira Anne dos pensamentos e anseia arduamente voltar para casa, para se casar com ela e ter os

filhos com quem tanto sonham.
É ali que ele conhece Benedict Simons de quem se torna grande amigo. Ele é um rapaz recém-casado que também anseia voltar para a esposa que deixara grávida.

No entanto, durante um bombardeio, Benedict é atingido e antes de morrer implora a Christopher que ampare sua esposa e o filho que já deve ter nascido.

É assim que Christopher Angel conhece Elizabeth Simons e, juntos, descobrem que quando o amor se declara nem a morte separa quem tanto se ama.

A Lágrima não é só de quem chora é um romance imprevisível, sensível e emocionante do começo ao fim.

Vidas que nos completam

Vidas que nos completam conta a história de Izabel, moça humilde, nascida numa fazenda do interior de Minas Gerais, propriedade de uma família muito rica e residente no Rio de Janeiro.

Com a morte de seus pais, Izabel é convidada por Olga Scarpini, proprietária da fazenda, a viver com a família na capital carioca. Izabel se empolga com o convite, pois vai poder ficar mais próxima de Guilhermina Scarpini, moça rica, pertencente à nata da sociedade carioca, filha dos donos da fazenda, por quem nutre grande afeto.

No entanto, os planos são alterados assim que Olga Scarpini percebe que o filho está interessado em Izabel. Para afastá-la do rapaz, ela arruma uma desculpa e a manda para São Paulo.

Izabel, então, conhece Rodrigo Lessa, por quem se apaixona perdidamente, sem desconfiar que o rapaz é um velho conhecido de outra vida.

Muitas surpresas e reviravoltas acontecem em meio a essa história contemporânea e comovente para lembrar a todos o porquê de a vida nos unir àqueles que se tornam nossos amores, familiares e amigos... Compreender também por que toda união é necessária para que vidas se completem e conquistem a felicidade que é um direito de todos.

Paixão Não se Apaga com a Dor

Esta é uma história repleta de segredos, suspense, e descobertas!

No contagiante verão da Europa, Ludvine Leconte leva a amiga Barbara Calandre para passar as férias na casa de sua família, no interior da Inglaterra, onde vive seu pai, um homem apaixonado pelos filhos, viúvo e atormentado pela saudade da esposa morta ainda na flor da idade.

O objetivo de Ludvine é aproximar Bárbara de Theodore, seu irmão, que desde que viu a moça, apaixonara-se por ela.

O inesperado então acontece: seu pai vê na amiga da filha a esposa que perdeu no passado. Um jogo de sedução tem início e um duelo entre pai e filho começa.

De repente, um acidente muda a vida de todos, e um detetive é chamado porque se suspeita que não foi um acidente. Haverá mesmo um assassino a solta? É preciso descobrir antes que o mal se propague outra vez.

Paixão Não se Apaga com a Dor fala das consequências graves de um amor possessivo, que cega e nos distancia da verdadeira essência do amor, capaz de nos orientar ao longo de nossas vidas e nos desprender de instintos bestiais.

Um romance, enfim, surpreendente e inesquecível, impossível de parar de ler.

Ninguém desvia o destino

Heloise ama Álvaro e os dois se casam, prometendo serem felizes até que a morte os separe. Todavia, visões e pesadelos assustadores começam a perturbar Heloise. Seria um presságio ou lembranças fragmentadas de outra vida? De fatos que marcaram profundamente sua alma?

Ninguém desvia o destino é um romance de tirar o fôlego do leitor do começo ao fim, revelando que o destino traçado por nós mesmos em vidas passadas é o responsável pelas surpresas e reviravoltas que temos na vida atual.

Deus nunca nos deixa sós
Deus nunca nos deixa sós conta a história de três mulheres ligadas pelas misteriosas mãos do destino: Teodora, Ivone e Conceição. Elas se conhecem num orfanato onde são deixadas quando ainda eram bebês, um lugar conduzido por freiras amorosas e dedicadas.

O tempo passa e Teodora, mocinha, se vê entre dois amores: um vendedor de algodão doce e um médico em ascensão que lhe possibilitará um futuro promissor. Qual escolher?

Ivone, por sua vez, sem fazer drama, opta por se casar por interesse para garantir um futuro bem longe da pobreza que tanto abomina.

Conceição, mais modesta, quer apenas ser feliz acima de tudo.

O tempo passa, elas se casam e se distanciam uma das outras, vindo a se reencontrarem muitos anos depois, porque Teodora acredita que ambas estão precisando dela urgentemente. Estariam de fato? Ou seria a própria Teodora quem necessitava desse reencontro e até então não se dera conta?

Deus nunca nos deixa sós é um romance de leitura envolvente que nos lembra que amor e a vida continuam, mesmo diante de circunstâncias mais extraordinárias que possam acontecer.

Só o coração pode entender
Tudo preparado para uma grande festa de casamento quando uma tragédia muda o plano dos envolvidos, o rumo de suas vidas e os enche de revolta. É preciso recomeçar. Retirar as pedras do caminho para prosseguir... Mas recomeçar por onde e com que forças? Então, quando menos se espera, as pedras do caminho tornam-se forças espirituais para ajudar quem precisa se reerguer e se reencontrar num mundo onde

211

só o coração pode entender. É preciso escutá-lo, é preciso aprender a escutá-lo, é preciso tirar dele as impurezas deixadas pela revolta, para que se torne audível, límpido e feliz como nunca foi...

Uma história verdadeira, profunda, real que fala direto ao coração e nos revela que o coração sabe bem mais do que pensamos, que pode compreender muito mais do que julgamos, principalmente quando o assunto for amor e paixão.

Nenhum amor é em vão

Uma jovem inocente, nascida numa humilde fazenda do interior do Paraná, conhece por acaso o filho do novo dono de uma das fazendas mais prósperas da região. Um rapaz elegante, bonito, da alta sociedade, cercado de mulheres bonitas, estudadas e ricas.

Um encontro que vai mudar suas vidas, fazê-los aprender que **nenhum amor é em vão,** todo amor acontece porque é a única forma de nos conhecermos melhor e avaliarmos o que realmente queremos da vida.

Uma história singela e apaixonante como a vida em si.

E o amor resistiu ao tempo

Agatha é uma garotinha muito esperta, que está sempre na companhia da mãe. É assim que as duas vão parar, sem querer, num orfanato onde reside Pietro, um garotinho que nasceu com uma deficiência física. Desde então, a mãe de Agatha não para de pensar no menino, levantando a hipótese, ainda que absurda, de que ele é seu sobrinho que morreu ainda recém-nascido. Ao comentar com a irmã, ela se trai pelo olhar e se torna evidente que a criança não morrera; ela e o marido a deixaram no orfanato e inventaram tudo aquilo. Tudo porque o menino havia nascido com uma deficiência física.

O romance "E o amor resistiu ao tempo" fala sobre a difícil arte de encarar as surpresas da vida, a dor da rejeição e os equívocos que cometemos em nome do ego e da vaidade desmedida que nos levam cedo ou tarde à solidão, num contexto geral.

Com uma narrativa surpreendente, o leitor encontra respostas para muitas das perguntas existencialistas que a maioria de nós faz ao longo da vida:
Por que cada um nasce com uma sorte diferente?
Por que nos apaixonamos por pessoas que nos parecem conhecidas de longa data, sem nunca termos estado juntos antes nesta vida?
Se há mesmo outras vidas, e se o amor pode triunfar, enfim, de forma mais lúcida e pacífica, após a morte.

A Solidão do Espinho

Ele foi preso, acusado de um crime hediondo. Alegou inocência, mas as evidências o incriminaram. Veredicto: culpado! Sentença: prisão perpétua!

Na prisão, ele conhece a irmã de um dos carcereiros, que se apaixona perdidamente por ele e acredita na sua inocência. Visto que não há como prová-la, ela decide ajudá-lo a fugir para que possam construir uma vida juntos, uma família linda, bem longe da injustiça do passado.

O plano é posto em ação, ainda que o fugitivo tenha de viver escondido da polícia até que se prove sua inocência, algo pelo qual a mulher que tanto o ama, está disposta a lutar com unhas e dentes.

Este romance cheio de emoção e suspense, com um final arrepiante, nos fala sobre a estrada da vida que para muitos é cheia de espinhos e quem não tem cuidado pode se ferir. Sangrar! Só mesmo um grande amor para cicatrizar os ferimentos, superar desilusões, reconstruir a vida... Um amor que nasce de onde menos se espera e que nos leva para a felicidade tão almejada.

Uma história de amor como poucas que você já ouviu falar ou leu.

Por Entre as Flores do Perdão

No dia da formatura de segundo grau de sua filha Samantha, o Dr. Richard Johnson recebe uma ligação do hospital onde trabalha, solicitando sua presença para fazer uma operação de urgência numa paciente idosa que está entre a vida e a morte.

Como bom médico, Richard deixa para depois a surpresa que preparara para a filha e para a esposa para aquele dia tão especial e vai atender ao chamado de emergência. Algo que vai mudar a vida de todos, dar um rumo completamente diferente do esperado, ensinar-lhes lições árduas...

Por entre as flores do perdão fará o leitor sentir na pele o drama de cada personagem e se perguntar o que faria se estivesse no lugar de cada um. A cada página viverá fortes emoções e descobrirá, ao final, que só *por entre as flores do perdão* podemos mesmo nos libertar dos lapsos do destino e renascer para a vida e o amor.

Um romance vivido nos dias de hoje, surpreendentemente e revelador.

A outra face do amor

Verônica Linhares só conhecia a riqueza e o luxo. Não sabia o que era a pobreza tampouco fazia questão de conhecê-la. Tanto que jamais visitara as dependências dos empregados. Mas sua melhor amiga, Évora Soares era paupérrima e, mesmo assim, ela gostava dela, sempre gostou, sua condição financeira nunca prejudicou a amizade das duas como a própria Verônica pensou que aconteceria.

Quando Évora foi apresentar à amiga seu noivo, na esperança de que ela lhe conseguisse um emprego, ainda que de jardineiro na sua casa, Verônica olhou com grande interesse para o rapaz tímido e pobre que também não tinha, como se diz, onde cair morto. E foi a partir desse encontro que tudo mudou na vida dos três.

Prepare-se para viver fortes emoções com este romance favorito dos leitores.

Sem amor eu nada seria...

1937. Explode a segunda guerra mundial. Um alemão, nazista, para proteger Sarah, sua mulher amada, uma judia, dos campos de concentração nazista, esconde-a num convento, onde ela conhece Helena, uma freira grávida, que guarda segredo sobre o pai da criança.

Por se achar uma pecadora e imoral, Irmã Helena pede a Sarah que crie seu filho como se tivesse nascido dela própria. Diante do desespero da mulher, Sarah acaba aceitando o pedido.

Helena, achando-se indigna de continuar no convento, abandona o lugar. Entretanto, ao passar por um bairro judeu, saqueado pelos nazistas, com pilhas e mais pilhas de judeus brutalmente assassinados, ela ouve o choro de um bebê. Em busca do seu paradeiro, encontra a criança agasalhada no meio dos braços de uma judia morta a sangue frio. Helena pega a criança, a amamenta e a leva consigo porque acredita que Deus a fez salvar aquele menino para se redimir do seu pecado. Assim, ela cria a criança como se fosse seu filho, ao lado de sua mãe, uma católica fervorosa.

É assim que a criança judia acaba crescendo no catolicismo e o filho de Helena, no judaísmo. O tempo passa e o destino une todos, no futuro, para mostrar que somos irmãos, não importando raça, credo, condição financeira ou religião.

A vida sempre continua

Após a perda de um ente querido, Geórgia perde totalmente o interesse pela vida. Em meio à depressão, ela recebe uma carta, comunicando que sua tia Maila lhe deixara de herança, a casa no litoral onde vivera com o marido até o fim de seus dias.

Ainda que sem vontade, Geórgia se vê forçada a ir até o local para doar os pertences da tia e pôr a casa à venda. É assim que descobre algo surpreendente sobre a tia, faz novos amigos, ajuda muitos e descobre a razão por continuar existindo.

O romance "A vida sempre continua", inspirado numa história real, leva o leitor a descobrir junto com a personagem principal da história, que há amigos espirituais, invisíveis aos nossos olhos, nos amparando constantemente.
Um romance espírita maravilhoso. Emocionante e inesquecível.

Falso Brilhante

Marina está radiante, pois acaba de conquistar o título de Miss Brasil. Os olhos do mundo estão voltados para sua beleza e seu carisma.
Ela é uma das favoritas do Concurso de Miss Universo. Se ganhar, muitas portas lhe serão abertas em termos de prosperidade, mas o que ela mais deseja, acima de tudo, é ser feliz ao lado de Luciano, seu namorado, por quem está perdidamente apaixonada.
Enquanto isso, Beatriz, sua irmã, se pergunta: como pode alguém como Marina ter tanta sorte na vida e ela não? Ter um amor e ela ninguém, sequer alguém que a paquere?
Pessoas na cidade, de todas as idades, questionam: Como pode Beatriz ser irmã de Marina, tão linda e Beatriz, tão feia, como se uma fosse um brilhante e a outra um diamante bruto?
Entre choques e decepções, reviravoltas e desilusões segue a história dessas duas irmãs cujas vidas mostram que nem tudo que reluz é ouro, nem tudo que brilha é brilhante e que aquilo que ainda é bruto também pode irradiar luz.

Trilogia Paixões

Esta é para leitores que gostam de se emocionar com histórias fortes e comoventes, baseadas em fatos reais e muito atuais.

Paixões que ferem
1º livro da trilogia Paixões

Roberto Corridoni e Liberata Nunnari se conheceram a bordo do navio que trazia suas famílias para o Brasil em busca de prosperidade, uma vida mais farta e digna para todos. Jamais pensaram que essa mudança pudesse transformar seus destinos como aconteceu, despertando tanto paixão quanto ódio na mesma intensidade no coração de todos.

Todavia, por mais dissabores que tenham provado, o destino incumbiu-se de unir todos para se libertarem dos desagrados e excessos da paixão, encontrarem, enfim, a felicidade tão almejada.

O romance "Paixões que ferem", o primeiro livro da trilogia "Paixões", fala do poder do amor, unindo casais e mais casais para que cada um de nós nasça e renasça ao longo da vida.

Fala também do desejo carnal que cega todos, muitas vezes sem medir as consequências, e do ciúme e frustração por querer um amor não correspondido.

O lado oculto das paixões
2º livro da trilogia Paixões

Nesta surpreendente e comovente história, o leitor conhecerá os rumos que os personagens do livro "Paixões que ferem" tiveram, as conquistas alcançadas, as feridas que conseguiram curar com reencontros e amor verdadeiro, provando que as paixões atravessam vidas, e são, para muitos, eternas.

Uma obra surpreendente e comovente, respondendo muitas das perguntas que fazemos em relação a nossa existência ao longo da vida.

Eternidade das paixões
3º e último livro da trilogia Paixões

Em **Eternidade das paixões**, continuação do livro "O lado oculto das paixões" o leitor vai se emocionar ainda mais com a saga das famílias Nunnari e Corridoni.

Numa nova encarnação Roberto reencontra Inaiá para uma nova oportunidade de aprendizado no amor e no convívio a dois. Entretanto, quando nascem os filhos, Roberto acaba se esquecendo dos bons conselhos de sua mãe, voltando a ser novamente um homem severo e impiedoso, condenando-se a crescer espiritualmente pela dor que ele insiste em ser sua maior mentora.

Mais tarde, no Brasil da época do regime militar, todos que tomaram parte nessa história voltam a se reencontrar, para que juntos possam transpor obstáculos antigos, renovar o espírito, evoluir... Comprovar mais uma vez *a eternidade das paixões*.

O que restou de nós dois

Alexandre, herdeiro do laboratório farmacêutico mais importante e próspero do mundo, ao nascer, torna-se o centro da atenção e do amor de seus pais, especialmente de sua mãe.

Anos depois, enfurecido com o nascimento da irmã, chega a pensar, sem pudor algum, em sufocá-la durante o sono tranquilo no berço.

Quando maior, cada vez mais fascinado por sua progenitora, passa a disputá-la com o pai, voltando-se contra ele de todas as formas, especialmente ao saber que teve amantes e um filho bastardo. Decide então, assim que possível, descobrir quem é ele para impedi-lo de recorrer à justiça seus direitos na herança do pai.

Ao completar a faculdade, fascinado por Nova York, muda-se para a cidade onde se transforma num dos empresários mais atuantes e revolucionários dos Estados Unidos. É ali que conhece Hefestião, um publicitário em ascensão de quem se torna grande amigo e vive o seu maior desafio, o que o leva para um mundo onde a dor e o amor se confundem.

O pior acontece quando a irmã de Alexandre se apaixona por seu amigo, provocando-lhe ira, reforçando seu ódio por ela.

Em meio a tudo isso, chega o relatório do detetive contratado por Alexandre para descobrir o nome da amante e do filho bastardo do pai. Misteriosamente este relatório desaparece da casa antes que ele possa ler o resultado. Inexplicável também se torna o fato de o detetive ter sumido do país sem deixar

pistas.
Mais tarde, ao saber que a irmã vai conceber um herdeiro, Alexandre se vê forçado a gerar um, o mais rápido possível. Casa-se com Roxane, uma linda francesa, que nada suspeita de suas verdadeiras intenções.

Entrementes, o rapaz multimilionário anseia por encontrar a cura para a AIDS, não por querer ajudar as pessoas, mas para marcar presença na história do mundo e lucrar a ponto de se tornar o homem mais rico do planeta.

Entre dores e amores acontece esta história de amor surpreendente e apaixonante, cujo desfecho revela que a maldade humana pode não ter limites, mas o mundo espiritual está atento, não tarda em interceder em nome do bem e da paz mundial.

Depois de tudo, ser feliz

Greta tinha apenas 15 anos quando foi vendida pelo pai para um homem que a desejava mais do que tudo. Sua inocência não lhe permitia imaginar o verdadeiro motivo da compra.

Sarina, sua irmã, quis desesperadamente ir atrás dela para salvá-la das garras do indivíduo impiedoso, mas o destino lhe pregou uma surpresa, ela apaixonou-se por um homem cujo coração já tinha dona, uma mulher capaz de tudo para impedir sua aproximação.

Em meio a tudo isso, ocorre uma chacina: jovens lindas são brutalmente mortas e Rebecca, a única sobrevivente do caos, quer descobrir quem foi o mandante daquilo para fazer justiça.

Noutra cidade, Gabael, um jovem cujo rosto deformado por uma doença misteriosa, vive numa espécie de calabouço para se esconder de todos que olham horrorizados para ele e o chamam de monstro.

Num vale, Maria, uma linda menina, tenta alegrar todos os confinados ali por causa de uma praga contagiosa, odiada e temida pela humanidade, na época.

Dentre todos os acontecimentos desta fascinante e

surpreendente história que se desenrola na época em que Jesus fez inúmeros milagres e marcou para sempre a história do mundo, os personagens vão descobrir que, por mais triste e desafiadora que possa ser a nossa vida, o que nos resta mesmo, depois de tudo, é procurar ser feliz.

Depois de "Falso Brilhante", "Se não amássemos tanto assim", "A outra face do amor", da trilogia "A eternidade das paixões", dentre outros romances de sucesso, o Autor nos leva a mais uma viagem emocionante pelo mundo da literatura espiritual.

O doce amargo da inveja

Em "O Doce Amargo da Inveja", vamos conhecer a família de Belinha, uma mulher que nunca desistiu da vida, mesmo nas piores circunstâncias e, por isso, teve êxito no amor, com o marido e os filhos, algo que incomodou profundamente os que acreditam que só podem ser felizes, destruindo a felicidade alheia.

Pessoas que não sabem que o amor, a paz, a sorte, a felicidade, tudo, enfim, que há de bom na vida e está para todos por igual, só depende da escolha certa de cada um para que se manifeste no seu dia a dia. É isso que podemos aprender, mergulhando neste romance de profundos ensinamentos para uma vida mais feliz, repleta de amor e bom humor e saúde física e espiritual.

Por um beijo eterno

Quando Cristal era menina, muitas foram as vezes em que ela sofreu *bullying* na escola. Não por estar acima do peso, ou ter sardas, ou o nariz maior que os padrões aceitos como "normais" pelas outras crianças, mas porque dizia ver e conversar com pessoas que ninguém mais via.

Foi preciso seus pais mudarem a menina de escola, para evitar as provocações das outras crianças, mas não tardou para que tudo recomeçasse outra vez. O que Cristal mais queria de todos a sua volta é que acreditassem nela quando dizia ver e ouvir pessoas. Foi uma vizinha, que suspeitou que o que a menina via, na verdade eram os espíritos dos mortos e tentou dizer isso a seus pais.

O tempo passou e Cristal procurou de todas as formas se afastar da sua mediunidade, ela queria ser uma garota normal como todas as outras, apenas isso! Por que nascera com esse dom desenvolvido e por que os espíritos a procuravam tanto, isso é o que ela mais ansiava saber.

Em "Por um beijo eterno", o leitor vai conhecer a fundo os dramas de uma jovem médium desde menina num mundo em que a mediunidade ainda é considerada pela maioria como uma farsa ou uma loucura.

Uma história comovente e ao mesmo tempo sinistra, de provocar arrepios e medo, mas importante para quem quer conhecer a fundo e se precaver da obsessão.

As duas faces de Eva

Eva Monteze é uma das cantoras *pop* mais famosas do Brasil. Logo após encerrar mais uma de suas bem sucedidas turnês pelo país, ela decide passar duas semanas, descansando na cidade onde passava as férias com seus pais e sua irmã, quando crianças.

Margot, uma de suas melhores amigas de infância, a hospeda em sua casa onde fará uma festa para comemorar não só o seu noivado tão desejado com o rapaz por quem está apaixonada, mas também a presença de Eva na cidade.

O que ninguém poderia prever era a morte inesperada de um dos convidados, causando pânico em todos, assim que se descobre que se tratou de um assassinato.

Segredos vêm à tona e mistérios se intensificam página à página desta fascinante história de suspense, paixão e traição.

Depois de ter você

Ele, um dos atores de Hollywood de maior evidência da atualidade. Ela uma mulher de cinquenta em poucos anos, desencantada com o marido, desesperada para voltar a ser feliz. Seus caminhos se cruzam num momento quase fatídico, alterando o rumo de suas vidas para sempre. O pior acontece quando ele ganha o Oscar de melhor ator e dedica o prêmio à mulher que mudou seu destino. Era segredo, ninguém mais poderia saber, apenas ele não sabia e, com isso, novamente seus destinos são alterados.

"Depois de ter você" é um romance que retrata de forma singela o desejo de muitas mulheres, com o tempo ignoradas pelo marido que tanto amam, longe dos filhos, criados com tanto carinho, ansiosas por uma vida novamente repleta de amor ao lado de um homem interessante e amoroso. Algo possível de se realizar?

E mais
O amigo que veio das estrelas
Nem que o mundo caia sobre mim
As aparências enganam
Amor Incondicional
Teobaldo, o elefante azul
Leo Lindo, Lourdes Linda e a vaca
Joia Regina Cacilda Miucha Fortuna
Muy Bella
Gatos muito gatos
e os CDs
A paz que as paixões roubaram de mim
Cantando com Teobaldo, o elefante
Criançando e Sagitariando

maiores informações
www.barbaraeditora.com.br

Para adquirir um dos livros ou obter informações sobre os próximos lançamentos da Editora Barbara, visite nosso site:

www.barbaraeditora.com.br
E-mail: barbara_ed@estadao.com.br

ou escreva para:
BARBARA EDITORA
Rua Primeiro de Janeiro, 396 – 81
Vila Clementino – São Paulo – SP
CEP 04044-060
(11) 26158082
992084999
55815472

Contato c/ autor: americosimoes@estadao.com.br
Facebook: Américo Simões - romances
Blog: http://americosimoes.blogspot.com.br